Roberto Assagioli

Typologie der Psychosynthese

Die 7 Grundtypen

API

Verlag Astrologisch-Psychologisches Institut
Adliswil/Zürich

Aus unveröffentlichten Schriften von Roberto Assagioli.
Zusammengestellt durch das »Istituto di Psicosintesi«, Florenz.
Titel der Originalausgabe: »I Tipi Umani«.
Englische Ausgabe: »Psychosynthesis Typology«
Uebersetzt aus dem Englischen:
Leonore Lauterborn, Daniel Cuny,
Louise Huber, Dr. Monica von Törne.

Druck: Caro-Druck, Frankfurt a.M.
Umschlaggestaltung und Graphik: Bruno Huber
Satz: Michael A.Huber
Printed in Germany

ISBN 3.85523 605-4

Inhalt

Einleitung

Die praktische Bedeutung einer Typenlehre liegt in ihrer Anwendung auf uns selbst, nämlich dem Versuch, uns selbst und andere einzuordnen, was eine ebenso interessante wie nützliche Übung sein kann, um unsere psychologische Wahrnehmung zu schärfen. Doch entdecken wir bei diesem Unterfangen bald, dass die Einordnung bei einigen Menschen leicht gelingt, während wir bei anderen zögern, zweifeln und schliesslich, wenn wir sie einmal eingeordnet haben, uns gedrängt fühlen, unsere Meinung nochmals zu überprüfen. Diesem Problem liegen verschiedene Ursachen zugrunde, es empfiehlt sich, diesen nachzugehen, um die Betreffenden hernach besser zu verstehen.

Zunächst gibt es Menschen, die sich jeglichem Einordnungsversuch zu entziehen scheinen. Sie gehören wiederum zwei Untergruppen an: die eine setzt sich aus weniger gut integrierten Individuen zusammen, die man auch als gleichgültig bezeichnen könnte, was den Ausdruck der in ihnen ruhenden Fähigkeiten betrifft, während die andere Gruppe aus hochentwickelten Menschen besteht, die sehr vielseitig und gewandt sind und in den verschiedenen Aspekten ihrer Persönlichkeit eine fortgeschrittene Stufe erreicht haben.

Ferner können auch Lebensumstände oder ein besonderes Erlebnis den Grundtyp einer Person zeitweilig überdecken und den Eindruck vermitteln, der Betreffende gehöre einem anderen Typ an, etwa wenn ein wissenschaftlicher Denktyp sich gerade einmal verliebt hat (auch der trockenste Wissenschaftler ist dagegen nicht gefeit). Diese Tatsache erweckt dann den Anschein, er gehöre dem Typ des Liebenden an und ruft somit einen Klassifikationsfehler hervor.

Ein weiterer Grund für einen Irrtum ist interessanter, weil er aus einem fundamentalen Prinzip unserer psychischen Funktion erwächst, das in seiner Manifestation ein Naturgesetz ist. Es hat mit dem zu tun, was wir mit Kompensieren und Überkompensieren bezeichnen.

Die medizinische Wissenschaft hat entdeckt, dass der Körper über geradezu wunderbare Selbstregulationskräfte und Kompensationsmechanismen verfügt, welche immer danach streben, die Harmonie und das Gleichgewicht der physischen Funktionen und Zustände aufrechtzuerhalten oder wiederherzustellen. Als Beispiel sei hier die geniale Methode genannt, wie der Körper durch Ausweitung und Verengung von Blutgefässen sowie durch den Atmungsvorgang eine gleichmässige Körpertemperatur aufrechterhält, auch bei grossen Schwankungen der Aussentemperatur. Ein weiteres Beispiel ist die komplizierte, gegenseitige Beeinflussung der endokrinen Drüsen, deren wohlregulierte dynamische Balance der Gegensätze physisches Leben erst möglich macht.

Dasselbe Prinzip ist nun auch in unserem psychischen Leben wirksam und sorgt dafür, dass Übertreibungen und Unregelmässigkeiten ausgeglichen werden, indem die Gegenelemente und Ergänzungskräfte zum jeweils dominanten Hauptelement wachgerufen werden. Aus verschiedenen Gründen jedoch funktionieren diese Kräfte der Selbstregulation und des Ausgleichs sowohl im physischen wie im psychischen Leben nicht immer richtig. Manchmal ist die Reaktion zu gering, manchmal übertrieben. Im letzteren Fall sprechen wir von Überkompensation. Tatsächlich neigen wir oftmals dazu, gerade die Qualität zu schätzen, die uns fehlt.

Zwei berühmte Beispiele von Überkompensation seien hier genannt: Nietzsche und Tolstoi. Nietzsche hatte ursprünglich eine sensitive, leidenschaftliche aber eher schwächere Natur. In seinen forcierten Bemühungen, über seine natürlichen Schwächen und Begrenzungen hinauszuwachsen, mass er dem Faktor Kraft und dem Wert eines strengen und unbeugsamen Willens eine solch übertriebene Bedeutung bei, dass er schlussendlich Grausamkeit rechtfertigt. Bei Tolstoi ist es das entgegengesetzte Extrem: von Natur ein Mensch mit grosser Vitalität, impulsiv und heftig, voller Instinkte sowie grosser Liebe zur Schönheit und körperlicher Harmonie versuchte er sich zu beherrschen und im Kampf gegen seine übersprudelnde Kraftnatur – wir lesen darüber in seinem Tagebuch, einem menschlichen und psychologischen Dokument von hohem Wert – gelangte er zur Verherrlichung der Widerstandslosigkeit gegenüber dem Unheil, wie auch des Zölibats, schliesslich gar zur Geringschätzung aller Kunst und der totalen Verdammung der modernen Zivilisation.

Ausser diesen beiden wohlbekannten Beispielen haben wir eine Vielzahl von Fällen, wo – halb erheiternd, halb bestürzend – schwache, schüchterne und erfolglose Männer so tun, als hätten sie die Qualitäten Napoleons. Diese Überkompensationen lassen sich oft im äusseren Verhalten und Benehmen ablesen. Wohlvertraut sind uns schüchterne Menschen, die sich arrogant und aggressiv gebärden – eine Gegenreaktion zu ihrer eigentlichen Wesensart. Weniger bekannt dürfte der Fall jener sein, die sich schüchtern und unschlüssig geben, aber im Grunde genommen recht gewalttätige Individuen sind. Aus Angst, ihr explosives Wesen nicht zügeln zu können, unterdrücken sie es und verstecken es hinter unterwürfig sanften Manieren. Ähnlich liegt der Fall bei den übermässig gefühlsbetonten Typen, die mit Gewalt ihre Gefühle unterdrücken und sich kühl und unempfindlich geben.

Nachdem wir herausgefunden haben, welchem Typ wir angehören, müssen wir uns dem ebenso praktischen wie spirituellen Problem stellen, wie wir das erworbene Wissen zur Selbstverwirklichung einsetzen.

Die Aufgaben, die jedem der psychologischen Typen gestellt sind, lassen sich in drei Begriffe fassen:

1. Ausdruck 2. Kontrolle 3. Harmonisierung

1. Ausdruck

Zunächst einmal gilt es, den Typ, dem wir angehören, innerlich zu akzeptieren. Das heisst nicht, dass wir passiv und unbewusst unseren eigenen Charakter einfach als gegeben hinnehmen, ohne Selbsterkenntnis oder irgendeinen Versuch zu eigener Entwicklung, wie man es bei der grossen Masse jener beobachten kann, die sich einfach treiben lassen. Es geht vielmehr um eine bewusste und bereitwillige Einsichtnahme in die Veranlagungen unseres Typs und das, was er uns lehren kann. Wir sollten seine Chancen, seine Gefährdungen und nicht zuletzt die Art der Hilfe erkennen, die er beinhaltet. Es geht um ein offenes, erhellendes Akzeptieren der Einsicht, dass wir durch weisen Gebrauch unserer vorhandenen Qualitäten über deren Begrenzungen hinausgelangen. Das ist nicht möglich, wenn wir unseren Typ gar nicht erkennen oder ihn abwerten, ihm ausweichen und an ihm vorbeileben, wie so viele es bewusst oder unbewusst tun, indem sie andere Typen nachmachen oder die Begrenztheiten des eigenen Typs durch

Überkompensation »korrigieren«. Unsere Hauptaufgabe besteht also darin, unseren Typ möglichst rein und hochentwickelt zum Ausdruck zu bringen.

2. Beherrschung

Die zweite Aufgabe, vor der wir stehen, ist sodann die Beherrschung und Korrektur von Auswüchsen und Übertreibungen des psychologischen Typs, dem wir angehören. Wir alle neigen dazu, den Weg des geringsten Widerstandes zu gehen und machen gern im alten Trott des gewohnten Ausdrucks unserer schon entwickelten Eigenschaften weiter. Das kann angenehm und zweckmässig sein und als positive Lebensweise empfunden werden. Verharren wir aber zu sehr in ausgefahrenen Gleisen, führt das mit der Zeit zu Disharmonie und einseitiger Entwicklung. Dadurch wird aber das höchste Evolutionsziel verfehlt, das darin besteht, ganzheitliche Persönlichkeiten zu schaffen, die all ihre Fähigkeiten auf allen Ebenen entwickelt haben.

Wir können hier sogar noch weitergehen und sagen: Wenn ein einzelner Aspekt unseres Wesens übermässig entwickelt ist, gelangt man an einen Punkt, wo der Ausdruck seiner eigenen Qualitäten unmöglich wird. Wenn beispielsweise ein Wissenschaftler seinen Typ einseitig betont und die gedankliche Aktivität eine solche Monopolstellung in seinem Leben einnimmt, dass seine Gefühlsnatur dabei verkümmert und er an seinem Körper Raubbau treibt, bis sich dessen Kräfte erschöpfen, wird auch schliesslich seine Denkfähigkeit schwinden. Das lässt sich im Prinzip auf alle anderen psychologischen Typen übertragen, weshalb es nötig ist, die vorherrschende Qualität bewusst zu kontrollieren und innerhalb gewisser Grenzen zu halten.

Das ist keine leichte Aufgabe, kann öfters sogar recht unangenehm sein und manchmal innere Widerstände hervorrufen. Doch das Leben mit seinen Begrenzungen und unbeugsamen Forderungen führt uns oft zu einer mehr oder weniger anhaltenden und vollständigen Kontrolle unseres psychologischen Typs. Wenn dies geschieht, brauchen wir uns nicht zu ängstigen, bedrückt zu fühlen oder gegen die Umstände anzukämpfen. Die rechte Haltung ist hier ein weises Akzeptieren, gegründet auf das Wissen um die Realität des Lebens und auf das Verständnis seiner Gerechtigkeit und seiner wohlwollenden Zielsetzung. Wir können uns dadurch auf eine sanftere und verständnisvollere Art disziplinieren.

3. Harmonisierung

Diese dritte Aufgabe, die oftmals Hand in Hand geht mit den schon erwähnten, besteht darin, die noch unentwickelten Fähigkeiten in unserem gegenwärtigen psychischen Rahmen zu kultivieren. Das mag uns ebenfalls unangenehm sein und zu Abwehrreaktionen führen. Das geschieht beispielsweise einem Künstlertyp, wenn er gezwungen ist, praktische Arbeit zu leisten oder wenn sensitive Typen in hässlichen Umgebungen leben müssen, usw. Auch hier gilt es, eine lebensnotwendige Lektion zu lernen: Je eher man bereitwillig und bewusst diese Aufgabe annimmt, desto schneller erreichen wir die Befreiung von den Schwierigkeiten der Situation. Haben wir das Lernziel erreicht, besteht für sein Weiterbestehen tatsächlich kein Grund mehr.

Es gibt vielfältige Mittel, um diese Aufgaben des Zurücknehmens von Übertreibungen und Auswüchsen einerseits und der Entfaltung fehlender Elemente andererseits zu meistern. Es ist vor allem eine Sache des Willens in seinen verschiedenen Ausdrucksformen: Entscheidungsfähigkeit, Zielgerichtetheit, Beharrungsvermögen und Meisterschaft.

Eine leichtere Erfüllung der beschriebenen Aufgaben kann durch aktive und gewinnbringende Beziehungen mit unterschiedlichen Persönlichkeitstypen ermöglicht werden. Das Leben selbst organisiert oft die Gelegenheiten dafür. Genauer gesagt ist es das Gesetz der Polarität. Gegensätze ziehen sich an. (Ein offensichtliches Beispiel dafür ist die Anziehung der Geschlechter, wobei nicht nur die physische Ebene betroffen ist.) In diesem Zusammenhang sind Freundschaften und sonstige Kontakte zwischen Angehörigen verschiedener Persönlichkeitstypen segensreich und fruchtbar.

Wir alle sollten daher die Gesellschaft andersgearteter Typen bevorzugen. So sollte beispielsweise jemand, der dem wissenschaftlichen Typ angehört, Freundschaft mit dem Künstlertyp schliessen und sich für dessen Arbeit interessieren, oder ein Praktiker sollte in gemeinsamen Mussestunden den Umgang mit einem intellektuellen oder künstlerischen Typ pflegen. Das ist eine leichte und akzeptable Art, unsere latenten Fähigkeiten zu entwickeln und Einseitigkeiten sowie Begrenzungen unseres eigenen Typs auszugleichen.

Wissen, Verständnis und der weise Gebrauch kontrastierender Elemente sind Grundprinzipien nicht nur beim Malen und Musizieren, sondern auch in der Kunst des Lebens. Jeder von uns kann und muss aus dem lebendigen Material seiner Persönlichkeit – sei dieses Silber, Marmor oder Gold – etwas Schönes gestalten, das sein Höheres Selbst angemessen ausdrückt.

1. Willenstyp

1. Willenstyp

Ehe wir diesen Typ beschreiben und besprechen, tun wir gut daran, kurz die spezifische Essenz seiner Qualität zu prüfen, um sie klar zu verstehen. Das ist besonders wichtig für den Typ, den wir jetzt betrachten wollen.

Es ist eine eigentlich überraschende und in gewisser Hinsicht sehr bedeutungsvolle Tatsache, dass die Untersuchung und Betrachtung des Willens in der zeitgenössischen Psychologie im allgemeinen stark vernachlässigt wurde.

Die Behavioristen konnten dieser inneren Kraft natürlich nie Bedeutung zumessen, weil solch eine Erkenntnis, ihren Mythos vom Menschen als Resultat seiner Reflexe völlig zunichte machen würde. Selbst die Psychoanalyse, die dem Zusammenspiel der Instinkte und der Phantasie Bedeutung zuspricht sowie dem Unbewussten eine zentrale Rolle beimisst, lässt dem Willen nur geringen Spielraum. (Doch sollten wir uns hier Otto Rank ins Gedächtnis rufen, einen Dissidenten unter den Psychoanalytikern. In seinem Buch »Technik der Psychoanalyse« (Leipzig und Wien, F.Denticke, 1926-31) wies er auf die zentrale Bedeutung des Willens hin, wenn auch etwas einseitig.) Selbst C.G.Jung und Schmitz, die beide eine einsichtsvoll weiterführende Tendenz zeigen, haben dem Willen nur wenig Aufmerksamkeit gezollt.

Um der Wahrheit gerecht zu werden: Es gab tatsächlich eine voluntaristische Linie in der neuzeitlichen Psychologie.

Wilhelm Wundt, der Gründer der Experimentalpsychologie, behielt die voluntaristische Doktrin bei, doch war sein Konzept des Willens nicht scharf umrissen und unterschied nicht klar zwischen dem Willen und anderen psychologischen Qualitäten und Funktionen wie Wahrnehmung und Emotion. Auch gab es eine begrenzte Anzahl von Untersuchungen, einschliesslich der experimentellen Forschung über den Willen, die interessante und lohnende Resultate erbrachten. Die Pioniere auf diesem Gebiet waren Ach und Michotte, deren Methoden insbesondere durch Aveling weitergeführt und verfeinert wurden.

Avelings Schlussfolgerungen, zu denen er aufgrund vernünftiger und verlässlicher Methoden gelangte, sind von grosser Bedeutung. Das Hauptergebnis seiner Erforschung des Willensaktes ist die wissenschaftliche Bestätigung der direkten, positiven Erfahrung der Existenz des Höheren Selbst als einer lebendigen Wirklichkeit. Diese Tatsache hat weitreichende Konsequenzen. Sie stützt die Feststellungen jener, die durch Erweckung ihres inneren Bewusstseins eine direkte Erfahrung mit dem Höheren Selbst gemacht hatten. Die Wirklichkeit des Höheren Selbst bildet, sobald einmal seine Existenz und Vorrangigkeit im seelischen Leben zugegeben wird, einen zentralen Punkt, um den sich alle anderen psychologischen Tatsachen gruppieren und koordinieren lassen.

Ein zweites wichtiges Ergebnis dieser Forschung zeigt den Willen als unmittelbarsten Ausdruck des Höheren Selbst. Wenn wir den berühmten Satz von Descartes, »Ich denke, also bin ich«, mit dem des polnischen Philosophen Ciezkowsky, »Ich will, also denke ich und bin ich«, vergleichen, scheint der zweite den grösseren Wert zu haben.

Ein drittes Ergebnis dieser Forschung definiert den Willen nicht als angestrengtes Bemühen, sondern er umfasst Zielstrebigkeit, Wahlfähigkeit und Entschlusskraft. Mit anderen Worten: der Wille lenkt, führt Regie und orientiert. Vor dem Hintergrund dieser Charakteristika des Willens ist es nicht schwer, die Qualitäten zu erkennen und zu verstehen, die sich im entsprechenden Menschentyp zeigen.

Auf der physischen Ebene ist der Willenstyp gekennzeichnet durch promptes und entschiedenes Handeln, Mut, die Fähigkeit, sowohl die materielle Umwelt wie auch andere Menschen zu erobern, zu lenken und zu beherrschen; mit einer Neigung zum Wettbewerb und sogar zu Gewalt und Zerstörung.

In seinem Gefühlsleben ist der Willenstyp ausgesprochen introvertiert. Er untersagt sich jeden Ausdruck von Erregung und Gefühl, weil er dies als Hindernis und Gefahr für die Effektivität seiner Aktionen und seiner auf ein Ziel gerichteten Energie ansieht. Er belässt es nicht dabei, nur den Ausdruck von Emotionen zu verhindern, er tendiert oft dazu, sie völlig zu unterdrücken. Er hat wenig Überlegung übrig für die Gefühle anderer wie auch seiner eigenen. Diese Gewohnheit kann, während sie zu heroischen Taten und Handlungsweisen von grossartiger Selbstverleugnung führt, leicht Insensitivität, Unbarmherzigkeit und Grausamkeit in den Menschen hervorrufen, die nicht gut integriert sind. Auf alle Fälle tendiert diese Haltung dazu, die Entwicklung psychischer Sensitivität im guten wie im schlechten Sinn zu begrenzen. Sind seine Gefühle stark beteiligt, neigt der Willenstyp dazu, ungeduldig, aggressiv und leicht irritierbar zu sein.

Auf der mentalen Ebene hat der Willenstyp oft eine klare Sicht, die von Emotionen ungefärbt und unverzerrt bleibt. Ist er innerlich reif, hat er einen offenen Verstand und die Fähigkeit zur Synthese, bevorzugt er, das Ganze ins Auge zu fassen, statt nur die Details zu sehen. Er hat eine starke Konzentrationsfähigkeit und kann seine Kräfte dynamisch auf ein Ziel richten. Seine Kampflust bringt er auf der mentalen Ebene durch eine Vorliebe für Streitgespräche und Kritik zum Ausdruck, was eine seiner Hauptuntugenden darstellt. Er hat die ausgeprägte Fähigkeit, andere seelisch zu verletzen und dies kann genauso destruktiv sein wie körperliche Gewalt.

Diese Neigung zum Kritisieren ist sehr hoch entwickelt, oft bis ins Extrem bei Menschen, deren Lebensweise keine Gelegenheit zu kraftvollen äusseren Aktivitäten bietet, was ihnen helfen würde, ein Ventil für ihre kämpferischen und dynamischen Energien zu finden. Diese Menschen verwenden ihre Energien zu gedanklicher Kritik und zu Wortgefechten, wofür nie Mangel an Gelegenheit besteht! Die Tendenz zur Kritik wird bei diesem Typ noch verstärkt durch das Selbstvertrauen und den mentalen Stolz, die sie nie zweifeln lassen, im Recht zu sein.

Der Willenstyp zeigt einen scharfen Gerechtigkeitssinn und klares Rechtsdenken. Er kann ein guter Gesetzgeber sein und ist in der Lage, vorhandene Gesetze gerecht und unparteiisch auszulegen. Dabei neigt er dazu rigid und formal vorzugehen, da er das menschliche Element eines Falles nicht zu würdigen versteht, sondern das »Verbrechen« als etwas Abstraktes beurteilt. Oft versäumt er es, die Psychologie dessen zu berücksichtigen, der gegen das Gesetz verstossen hat und die Umstände in denen er lebte und handelte.

Was die Intuition betrifft, stossen wir auf einen offensichtlichen Widerspruch. Der erste Eindruck ist der, dass es dem Willenstyp an Intuition mangelt; tatsächlich hat er gewöhnlich wenig Verständnis für andere. Seine Egozentrik, emotionale Isolation und der Mangel an psychischer Sensitivität lassen ihn wenig psychologisches Verständnis aufbringen. Er ist nicht besonders interessiert andere Menschen als seelische Wesen zu betrachten. Doch kann dieser Typ im Bereich abstrakter Realität ein schnelles und sicheres intuitives Verstehen von Prinzipien, allgemeinen Gesetzen und universalen Zusammenhängen zeigen.

Ehe wir die Kennzeichen der Persönlichkeit und die des Höheren Selbst betrachten, möchte ich erklären, worin ich den Unterschied zwischen beiden sehe – in diesem Fall wie auch bei den anderen Typen. Ich betrachte als Charakteristika der Persönlichkeit all jene egozentrischen und separativen Eigenschaften, die bestehen, bevor ein bewusster Kontakt mit dem Höheren Selbst existiert und dessen Einfluss spürbar wird. Die Kennzeichen des Höheren Selbst hingegen sind jene, die eine wirklich transpersonale Qualität besitzen und die ausgedrückt werden, wenn das Höhere Selbst die Persönlichkeit mit seinem Licht durchdringt, durch sie hindurchleuchtet und zu einem gewissen Grad in ihr tätig wird.

Der wichtigste Persönlichkeitszug des Willenstyps ist der Wille zur Macht. Dieser manifestiert sich als Ehrgeiz, Selbstbehauptung, den Wunsch, andere zu beherrschen und die zentrale Figur auf der Bühne zu sein. Er degeneriert leicht zu Selbstgefälligkeit, Sturheit und Widerspenstigkeit. Um seine Ziele zu erreichen, kann ein solcher Typ leicht arrogant werden und skrupellos. Ein weiterer grundlegender Charakterzug ist die Isolation, die durch Unterdrückung der

Gefühlsregungen entsteht. Er braucht die anderen nicht und misstraut ihnen, deshalb hält er sie auf Distanz. Dies tut er auch darum, weil er auf diese Weise mehr Macht über sie erlangt.

Diese Art Menschen ist einfach, klar abgrenzbar und unschwer zu erkennen. Dennoch gibt es unter jenen, die vom Willen zur Macht beherrscht sind, auch solche von komplizierter Natur, die verwirrende Verhaltensweisen an den Tag legen. Wird der Machtwille durch die eine oder andere körperliche Minderwertigkeit oder die Opposition einer stärkeren Person (besonders während der Kindheit oder Jugend) in Schach gehalten, oder auch dadurch, dass der Betreffende emotional besonders empfindlich oder liebesbedürftig ist, dann kann allerhand passieren. Am weitesten verbreitet ist eine Übersteigerung des Machtwillens, welcher dann bis zum Exzess, erbarmungslos und grausam eingesetzt wird. Hier liegt die Ursache so mancher Verbrechen. Eine weitere Konsequenz ist der bewusste – öfters aber unbewusste – Versuch, sich durch indirekte betrügerische und subtile Mittel durchzusetzen, wie beispielsweise durch körperliche Symptome und neurotisches Verhalten. Dieser besondere Typ wurde von Alfred Adler gekonnt beschrieben.

Die transpersonalen Eigenschaften des Willenstyps sind bewundernswert und offenbaren viel Schönheit und Tugend, während die persönlichen agressiv und oft nachteilig sind. Der transpersonale Wille manifestiert sich hauptsächlich als moralischer Mut und als Bereitschaft und Fähigkeit, Verantwortung zu übernehmen, Gefahren aller Art die Stirn zu bieten und auch das eigene Wohl, den eigenen Ruf und sogar das eigene Leben für eine Sache, die es wert ist, aufs Spiel zu setzen.

Weitere Qualitäten des Willenstyps sind wahres Selbstvertrauen und innere Unabhängigkeit, Beständigkeit, Geradlinigkeit, Ausdauer, Grosszügigkeit gegründet auf Desinteresse an materiellen Gütern sowie ein weiter Horizont und Unparteilichkeit. Der höchste Ausdruck des Willenstyps ist die völlige Aufgabe des individuellen Willens zugunsten des kosmischen Willens in der Identifikation mit dem Rhythmus des Universums.

Es ist nicht schwer, die hervorragendsten Beispiele für diesen Typ zu erkennen. Verschiedene mystische und andere geschichtliche Persönlichkeiten verkörperten ihn beispielhaft. Zeus/Jupiter ist eine gigantische Projektion dieses Typs, sein heroischer Gegenspieler Prometheus ist ein anderes ideales Modell, ein weiteres ist Herkules. In verschiedenen Graden weisen alle grossen Herrscher und Eroberer der Geschichte die mehr oder weniger bewundernswerten Züge dieses Typs auf – wir können Alexander den Grossen, Julius Cäsar und Napoleon nennen.

Die psychologischen Typen zu studieren ist nicht nur nützlich für das Verstehen von Individuen, sondern auch von grösseren Gruppen – Völkern, Nationen, Zivilisationen und Kulturen. Die Spartaner und die alten Römer als Eroberer, Herrscher und Gesetzgeber verkörpern diesen Typ ebenso wie die Engländer mit ihrem Willen und ihrer Fähigkeit zum Regieren, ihrer »Inselbewohner-Mentalität«, ihrer Selbstkontrolle und Gefühlsbeherrschung. In mancher Hinsicht ist der Typ auch bei den Deutschen und den Juden nachweisbar. Die antiken Juden – und diejenigen, die dem ursprünglichen Typ treu sind – waren kriegerisch, voller Stolz, sonderten sich ab und betrachteten sich als die Erwählten; sie pflegten einen ausgeprägten Gesetzeskult und dachten streng rechtlich – sie übten sich in Selbstdisziplin und

Genügsamkeit. Einige Charakteristika moderner Juden, die unterschiedlich und gegensätzlich zu sein scheinen, können als Überkompensation, Abweichung oder Ableitung gelten, abhängig von besonderen Umständen und äusserem Druck.

In Philosophien und Religionen finden wir Anzeichen dieses Typs; im Alten Testament, in der Vedanta-Philosophie (besonders in der Advaita-Schule) und im Zen-Buddhismus. Unter modernen Philosophen können wir Nietzsche, Max Stirner und Julius Evola erwähnen.

In Architektur und Bildhauerei wollen wir die Einfachheit, Klarheit und Strenge des Dorischen Stils in Griechenland anführen, der einen Eindruck gezügelter Kraft vermittelt.

In der Musik hat das Genie Richard Wagners die Schwingungen des Willens und der Macht belebt und stark beschworen, durch besondere Themen wie das des Siegfried, der Ritt der Walküren und der heroische Einzug der Götter in Walhalla.

Wenn wir die hauptsächlichen Funktionen dieses Typs auflisten, können wir die Beschäftigungen und Aktivitäten entdecken, die ihm angemessen sind und bei denen er erfolgreich sein wird. Die hauptsächlichen Funktionen sind: das Beherrschen, Führen, Regieren, Bestrafen, Bekämpfen, Richten, Zerstören und Erobern. Dies weist auf die entsprechende Begabung hin als Führer, König, Herrscher oder Staatspräsident; als Gesetzgeber, Militarist und allgemein als Kämpfer in jedem Format bis hinunter zum Preisboxer und schliesslich als Forscher. Ich möchte auch noch den Beruf des Chirurgen hinzufügen, weil auch dieser Willen benötigt, im Sinne des Muts Verantwortung zu übernehmen und in der Notwendigkeit schnelle Entscheidungen zu treffen. Oft muss der Chirurg als wohltätiger Zerstörer kranker Gliedmassen und Organe eingreifen. Es ist auch wohlbekannt, dass Chirurgen für gewöhnlich ihrem inneren Spüren folgen und ein instinktiv gutes Zeitgefühl besitzen, beides sind weitere Charakteristika des Willenstyps.

Die Aufgaben des Willenstyps lassen sich in zwei Gruppen aufteilen:

1. Ausrichtung, Harmonisierung, Integration, Vereinheitlichung

2. Umwandlung und Sublimation

1. Weil dieser Typ ausgesprochen unabhängig ist und ihn seine grosse Fähigkeit, Positionen mit Einfluss und Befehlsgewalt zu erringen, wirklich gefährlich macht, sind sowohl Ausrichtung als auch Integration absolut wesentlich. Ein fundamentales Gleichgewicht ist unentbehrlich und wird erreichbar durch das Zulassen der Liebe. Es ist notwendig für ihn, Liebe, Verständnis, Einfühlungsvermögen und Erbarmen in einer Weise zu entwickeln, die ihn befähigt, Wohlwollen zum Ausdruck zu bringen. Weitere Qualitäten, die der WIllenstyp kultivieren muss, sind Sensitivität, Intuition und die Fähigkeit, mit anderen zu kooperieren anstatt sie zu dominieren, zu zwingen und zu befehlen. Er muss den Alleingang, an dem er so hängt, hinter sich lassen und von seinem Elfenbeinturm herabsteigen, damit er lernt, mit seinesgleichen zu leben.

2. Die Aufgabe der Sublimation, der sich jeder mit einem starken Willen begabte Mensch stellen muss, besteht darin, den persönlichen, egoistischen und zu Absonderung

führenden Willen in einen transpersonalen Willen zu verwandeln, der zum Dienst am Mitmenschen leitet. Eine noch höhere Sublimation besteht darin, den transpersonalen Willen dem kosmischen Willen unterzuordnen. Tatsächlich ist diese absolute Übergabe, die dem persönlichen Willen ähnlich seinem Tod erscheint, ausschlaggebend für die wahre geistige Befreiung des Menschen.

2. Liebestyp

2. Liebestyp

Jeder ist an Liebe interessiert. Liebe ist eines der meistverwendeten Worte in unserem Sprachgebrauch, wahrscheinlich mehr als »Ich« und »Geld«. Fast jeder war schon verliebt oder wird sich einmal verlieben. Liebeslieder erklingen, wohin man hört, und tausende von Schriftstellern schreiben Liebesgeschichten, die von Millionen gelesen werden. Menschen »lieben« sehr Unterschiedliches: Süssigkeiten und Kinder, das andere Geschlecht und ihr eigenes Land, Blumen und Bilder, Bücher und Gott.

Es sollte offensichtlich sein, dass wir wissen, was Liebe ist. Wenn wir jedoch einen Moment innehalten und wirklich versuchen, über die wahre Bedeutung nachzusinnen, entdecken wir schnell und zu unserer Verwirrung und Demütigung (wenn wir uns selbst gegenüber ehrlich sind), dass Liebe für uns unbegreiflich, widersprüchlich und geheimnisvoll ist. Und wenn wir uns eine präzise und vollständige Definition abverlangen, fühlen wir uns ziemlich ratlos.

Diese überraschende und verwirrende Entdeckung verhilft uns dazu, die wichtige psychologische Wahrheit zu verstehen, dass Erfahrung und wahre Erkenntnis zwei sehr unterschiedliche Dinge sind. Normalerweise müssen wir selbst etwas über die Liebe erfahren haben, um erkennen zu können. Beispielsweise können wir einen Baum wahrnehmen und während wir ihn sehen gleichzeitig seine Schönheit empfinden. Aber seine innere Struktur und die Naturgesetze, die ihn wachsen liessen sowie die Eigenschaften seines Holzes, haben wir dabei ausser Acht gelassen.

Um wahre Erkenntnis zu erlangen, müssen wir gründlich und systematisch forschen, um daraufhin zu einer intelligenten Einschätzung der Tatsachen zu gelangen. In den Naturwissenschaften lassen sich Erkenntnisse aus zweiter Hand ohne unmittelbare Erfahrung erwerben, indem man in die Ergebnisse von Forschungen Einblick nimmt, die andere durchgeführt haben. Wir können zum Beispiel durch Studieren einer astronomischen Abhandlung präzises Wissen über die genaue chemische Zusammensetzung, die Grösse, das Gewicht und die Entfernung von Sternen erhalten, die wir nie gesehen haben.

In der Psychologie ist es allerdings so, dass wir Wissen nur durch direkte, persönliche Erfahrung erwerben können. Das ist so, weil sich nur Informationen über Quantitäten und objektive Tatsachen mit Worten und Daten übermitteln lassen, während sich Informationen über Qualitäten und subjektive Eindrücke nicht auf diese Weise weitergeben lassen. Allerdings versorgt uns direkte Erfahrung, so notwendig sie ist, für sich allein noch nicht hinreichend mit dem Gespür für die wahre Bedeutung. Sie vermittelt nur Empfindungen und Gefühle. Wollen wir diese wahrheitsgemäss »erkennen«, müssen wir sie mit Hilfe des Intellekts assimilieren. Über diesen Prozess einfacher Assimilation hinaus erfordert Wissen, das zur Synthese und damit zu wahrem Verstehen führt, zusätzlich Intuition.

Daher sollte es uns nicht überraschen, dass die Erfahrung leidenschaftlichen Verliebtseins oder die Erinnerung daran uns nicht mit dem angemessenen Verständnis der wahren Natur der Liebe ausstattet. Solch ein Verstehen ist sehr schwer zu erlangen, weil verschiedenartige, ja widersprüchliche Elemente in den verschiedenen Erfahrungen von Liebe enthalten sind. Wir finden auf der einen Seite eine Mischung von Lust, Gier und Besitzergreifenwollen und auf der anderen von Grossmut, Altruismus und Sichverschenken. Wir finden Instinkt und Intuition, aktive Impulse und passives Fühlen, Körper und Seele, Materie und Geist.

Doch da ist noch ein anderes grundlegendes Charakteristikum, oder eine zentrale Qualität, die das Wesen der Liebe ausmacht, wodurch sich ihre verschiedenartigen und entgegengesetzten Elemente verstehen und zu einem gewissen Grad versöhnen lassen.

Wenn wir die vielen Ausdrucksformen von Liebe genauer prüfen, finden wir immer wieder, dass darin ein Gesetz der Anziehung zum Ausdruck kommt, eine Tendenz zur Annäherung, zur Berührung, zur Vereinigung und zum Verschmelzen. Doch diese allgemeine – wahrscheinlich universale – Tendenz wirkt sich auf unterschiedliche und manchmal sogar widersprüchliche Weise aus.

1. Einheit kann durch aktives Anziehen und in Besitz nehmen des Objekts oder der Person, die wir »lieben« erreicht werden. Wir tun dies insbesondere mit der Nahrung, die wir ja buchstäblich verschlingen und uns einverleiben. Dasselbe machen wir mit Geld und allen möglichen materiellen Dingen und versuchen es sogar mit dem Ehepartner und unseren Kindern und Freunden. Zum Glück für die Objekte einer solch gierigen, besitzergreifenden Liebe gelingt uns diese Assimilation nicht immer wie gewünscht. In allzu vielen Fällen jedoch schaffen wir es, andere zu besitzen und sie in mehr oder weniger willige Sklaven und – im Fall von Kindern – in tatsächlich psychisch Invalide zu verwandeln.

2. Einheit kann aber ebenso das Ergebnis eines umgekehrten Vorgangs sein: sich jemandem, den wir lieben auszuliefern, sich völlig zu ergeben und sich von ihm besitzen und ganz beanspruchen lassen.

3. Einheit kann aber auch das Ergebnis gegenseitiger Anziehung sein, die zu Annäherung und Kontakt führt. Diese Anziehung kann zur Vereinigung zweier oder mehrerer Wesen führen, die dadurch ein grösseres Ganzes bilden.

Diese Analyse vermittelt von einem objektiven Standpunkt aus eine Vorstellung von den strukturellen und funktionellen Aspekten der Liebe. Diese Art der Betrachtung kann dabei helfen, ihre vielfältigen Aspekte in eine kohärente Struktur zu integrieren, die ihre Beziehungen untereinander auf unterschiedlichen Niveaustufen menschlichen Lebens offenbart. Wir sollten uns dies während der Beschreibung des »Liebestyps« vergegenwärtigen, also der Männer und Frauen, bei denen die Liebe eine ausschlaggebende und bestimmende Qualität hat.

Auf der physischen Ebene kann dieser Typ starke sexuelle Impulse zeigen. Ich sage »kann«, denn es wäre ein grosser Irrtum anzunehmen, dass dies immer so ist. In vielen Fällen ist die Liebe auf materielle Objekte gerichtet wie Geld oder Besitztümer aller Art; oder aber sie wird eher durch Gedanken oder Gefühle ausgedrückt als durch den Körper. Deshalb gibt es viele Vertreter dieses Typs, die sexuell sehr wenig entwickelt sind. Wenn wir die Eigenschaften der verschiedenen Typen studieren, ist es wichtig, sich daran zu erinnern, dass es Menschen geben kann, die keine der unverkennbaren Charakteristika eines bestimmten Typs aufweisen. In solchen Fällen können voreilige Schlüsse zu vielen Fehlurteilen führen.

Der sexuelle Impuls des Liebestyps – und bis zu einem gewissen Grad eines jeden Menschen – zeigt klar die beiden gegensätzlichen Merkmale, die »Liebe« haben kann. Viele ersehnen und erreichen die sexuelle Vereinigung zu ihrem eigenen physischen Vergnügen, mit wenig oder gar keiner Rücksichtnahme gegenüber ihrem Partner. Das ist das äusserste Extrem egoistischer »Liebe«. Auf der anderen Seite gibt es eine wachsende Anzahl von Menschen, die – entweder weil sie ihre Liebesgefühle zur höchsten Ebene entwickelt haben oder weil sie durch eine gute Sexualerziehung einsichtig geworden sind – der Freude des Partners in der körperlichen Vereinigung die höchste Aufmerksamkeit schenken und daraus ebensoviel oder sogar grössere Befriedigung gewinnen als aus ihrer eigenen.

Wir müssen noch erwähnen, dass es eine wachsende Minorität von Paaren gibt, die sich mehr oder weniger aus einem Gefühl sozialer und spiritueller Verantwortlichkeit heraus sexuell zusammenfinden. Solche Paare bieten neuen Menschenwesen die Möglichkeit auf die Welt zu kommen, zu leben und ihren Beitrag zur menschlichen Gesellschaft zu leisten. In diesen Fällen haben wir Beispiele edler, selbstloser Liebe, die ihren Ursprung in geistigen und höheren emotionalen Ebenen hat und sich im Akt körperlicher Vereinigung ausdrückt.

Ein deutliches Kennzeichen des durchschnittlichen Vertreters des Liebestyps ist seine Neigung für materiellen Besitz. Dieses Verhaftetsein kann sich als Wunsch nach den guten Dingen des Lebens, wie einem schönen Wagen, einem neuen Kühlschrank usw. zeigen, oder – wenn es stärker ausgeprägt ist – in der intensiven Sehnsucht nach Luxus und den besten und teuersten Dingen. In anderen Fällen spezialisiert sich dieses Verlangen nach Besitz und richtet sich auf ganz bestimmte Gegenstände wie bei denjenigen, die antiquarische Bücher, kostbares Porzellan, Muscheln oder Briefmarken sammeln. Dabei tritt noch ein weiteres Merkmal dieses Typs zutage, nämlich sein Interesse an kleinen Dingen und die Fähigkeit, mit Details umzugehen.

Auf der physischen Ebene ist der Liebestyp oft nachsichtig gegen sich selbst, er will sich schonen und liebt Komfort. Er ist nicht sehr aktiv, eher bequem und passiv und neigt dazu, sich der Mehrheit anzuschliessen.

Wie zu erwarten, stehen die Gefühle für die meisten, die diesem Typ angehören, im Mittelpunkt ihrer Aufmerksamkeit, sie sind die Quelle ihrer vitalen Lebensenergie. Leidenschaftliche und romantische Liebe in jeweils wechselnder Mischung wird leicht zum Hauptinteresse im Leben. Diese Art der Liebe ist so gut bekannt und ist so oft bis in alle Einzelheiten beschrieben und in psychologischen Romanen und anderen Werken (z.B. De l'Amour von Stendhal) so talentreich analysiert worden, dass es unnötig ist, weiter darauf einzugehen. Hier zeigen sich die beiden gegensätzlichen Haltungen, über die wir schon sprachen. Als das eine Extrem finden wir solche, deren innerstes Bedürfnis es ist, verliebt zu sein, indem sie die Fülle ihrer Gefühle über jemanden ausschütten, während das Objekt ihrer Liebe in Wirklichkeit zweitrangig ist. Das wird auch deutlich, weil diese Menschen (wir können sie als besonderen Untertyp betrachten) ohne grosse Schwierigkeit und mit relativer Leichtigkeit das Objekt ihrer Liebe wechseln. Die Vertreter dieses Typs können in dem Sinn als introvertiert betrachtet werden, weil ihr inneres Erleben wichtiger ist als der Gegenstand ihrer Liebe. Dies bestätigt sich durch die Tatsache, dass sie sich sehr für ihre eigenen Gefühle interessieren, die sie beobachten, unter die Lupe nehmen und mit überraschendem Wahrnehmungsvermögen analysieren. Viele französische und russische Romane enthalten sehr treffende Beschreibungen von Menschen dieser Art.

Das andere Extrem sind jene, die behaupten – und es auch ehrlich glauben – ihre Partner, Kinder oder Freunde aufrichtig zu lieben, während sie in Wirklichkeit von ihnen geliebt werden wollen. Dieser unbewusste Egoismus – denn darum handelt es sich tatsächlich – verbirgt sich hinter einer eindrucksvollen Fassade von Gefühlen und Zuneigung; er ist die Ursache vieler Konflikte, die zu Trennung und Scheidung führen. Aus diesem Grund ist es für uns alle von höchster Wichtigkeit, sich über diesen Punkt klar zu sein und uns selbst einer aufrichtigen und mutigen Analyse zu unterziehen. Wir müssen uns fragen: »Welches sind meine wahren Gefühle, Neigungen und Beweggründe, wenn ich sage oder glaube: ich liebe meine Familie oder meine Freunde? Liebe ich sie um ihretwillen, ganz abgesehen von mir selbst oder erwarte ich und bestehe darauf, dass sie mich lieben? Will ich mich ihnen schenken, oder will ich Liebe von ihnen empfangen, ohne ihre vitalen Bedürfnisse, ihre Gefühle und ihre legitimen Rechte zu bedenken?«

Diese Art Analyse kann zu unerfreulichen und sogar beunruhigenden Entdeckungen führen. Wenn wir aber mutig und ehrlich genug sind, ihnen ins Auge zu schauen, werden sie es uns auf der sicheren Basis der Wahrheit ermöglichen, Klarheit zu schaffen und unsere Beziehungen harmonisch verbessern.

Abgesehen von jener kleinen Minderheit, die selbstlos liebt, bedeutet gefühlvolle Liebe immer Bindung. Das ist ein übliches Merkmal persönlicher Liebe und die Ursache von unglaublich viel Kummer und Leid. Es ist ein hoher Preis, den die Menschheit dafür zahlt, auf solche Weise zu lieben. Schlussendlich führt Bindung doch zum Besitzenwollen und beides sind Hauptursachen der Angst. Angst wiederum ist die wesentliche Ursache menschlichen Leidens, sowohl direkt durch die Furcht vor dem Verlust dessen, was wir besitzen und woran wir hängen, als auch indirekt durch dumme und oft grausame Handlungen, geboren aus dem verzweifelten Versuch, die tatsächliche oder auch nur eingebildete Gefahr des Verlustes des »Geliebten« zu verhindern.

Eine weitere Ursache der Angst, die den Liebestyp plagt, liegt in seiner extremen psychischen Sensitivität, die ihn ebenso befähigt, Gefühle anderer aufzunehmen und sich mit ihnen zu identifizieren, wie auch mit all den kollektiven Seinszuständen und emotionalen Fluktuationen, die die ganze Menschheit erlebt. Diese Neigung zur gefühlsmässigen Identifikation erzeugt aber auch Erbarmen, das sie stark für all jene empfinden, die Schmerzen oder Not leiden, Tiere nicht ausgenommen. Je nach dem Grad transpersonaler Entwicklung variiert dieses Erbarmen von einem sentimentalen aber ineffizienten Mitleid bis zu einem tiefen und weisen Mitgefühl, das die wahre Ursache des Leidens erkennt und hilft, sie zu beseitigen. Bei Egozentrikern verkommt das Mitleid zu Selbstmitleid. Diese emotionale Form von Egoismus ist sehr weit verbreitet und keineswegs nur auf diesen Typ beschränkt; allerdings ist er anfälliger dafür als die meisten anderen.

Auf der mentalen Ebene weist der Liebestyp Charakterzüge auf, die überraschen, weil wir eher das Gegenteil erwarten würden.

Das bestätigt die Notwendigkeit, die Merkmale eines Typs mit all seinen verschiedenen Aspekten und Ausdrucksformen zu beachten, also nicht nur jene, die für ihn natürlich zu sein scheinen (und es zu einem gewissen Grad auch sind).

Obwohl »Liebe« sich prinzipiell und natürlicherweise durch die Gefühle ausdrückt, kann sie doch ebenso auf der Gedankenebene betrachtet werden. Dies ist hauptsächlich für diejenigen wesentlich, deren Schwerpunkt im Denken liegt. Auf dieser Ebene zeigt sich der Impuls »Liebe« in einem Verlangen nach Wissen und Information. Das führt zu einem Interesse für Einzelheiten, zum Studieren und zum Sammeln von Tatsachen.

Ein Mensch dieser Art kann kalt und unsensibel wirken. In Wirklichkeit ist er durchaus liebenswürdig, nur ist sein Interesse hauptsächlich auf mentale Gegebenheiten und Sachverhalte ausgerichtet.

Die Identifikationsneigung zeigt sich bei ihm im allgemeinen in seiner einbeziehenden Denkweise oder seiner Fähigkeit, alle Seiten einer Frage zu sehen. Dies bewirkt eine Ausweitung des Bewusstseins und inneren Gleichmut, kann aber auch von einem Mangel an Festigkeit und Entschlusskraft begleitet sein..

Die höchstentwickelten Vertreter dieses Typs sind oft intuitiv und lassen ein liebevolles Verständnis erkennen, interessieren sich für Psychologie und vermögen das Höhere Selbst anderer Menschen zum Schwingen zu bringen. In diesem Fall finden wir eine »glückselige Schau«, eine universale Liebe, welche die wahren Mystiker innig erstreben und die der Liebestyp manchmal in ekstatischen Einheitserlebnissen auch erreicht. Wenn der Verstand genügend entwickelt ist, um Erleuchtungen der Intuition interpretieren zu können, erkennen wir weise Liebe.

Fehlt diese mentale Fähigkeit, so ist die Intuition wahrscheinlich verzerrt und vermischt sich mit Vorstellungen und Ideen von geringer oder gar keiner Bedeutung.

Wenn wir die verschiedenen Eigenschaften zusammenfassen, erkennen wir die Merkmale des Liebestyps wie folgt: Die Menschen dieses Typs sind freundlich und aufnahmefähig. Wenn sie nicht allzu sensibel sind, sind sie auch gesellig. Tatsächlich haben sie eine Abneigung, vielfach sogar Angst davor, allein zu sein und suchen deshalb Wissen, Freunde und sozialen Kontakt. Sind sie gezwungen allein zu sein, werden sie leicht mutlos und träge. Um sich selbst auszudrücken, brauchen sie die Anregung des Austausches mit anderen; sie verwirklichen sich selbst durch Beziehungen. Aus diesem Grund sind sie leicht durch andere zu beeinflussen. Oft wechseln sie in ihrer Vielseitigkeit chamäleonartig ihren inneren Status und ihre Standpunkte. Das kann eine unaufhörliche Quelle der Überraschung, Verwirrung und sogar Verzweiflung sein für die eher einfacheren, mehr konkreten und rigiden Typen, beispielsweise bei solchen, bei denen der Wille, die praktische Intelligenz, wissenschaftliche oder organisatorische Fähigkeiten dominieren.

Wer dem Liebestyp angehört, kann in dem Sinn als extravertiert angesehen werden, als sein Hauptinteresse in der lebendigen Beziehung zu anderen liegt. Manche allerdings sind so sehr mit ihren eigenen Emotionen beschäftigt, die sie eingehend beobachten und oft mit grossem Geschick analysieren und beschreiben, dass sie dadurch teilweise introvertiert sind. In manchen Fällen kann die Ichbezogenheit und Selbstbespiegelung so weit gehen, dass das Objekt ihrer Gefühle für sie zweitrangig wird, zur schieren Gelegenheit, es mit diesen Gefühlen in Besitz zu nehmen.

Wir müssen beim Liebestyp zwischen dem aktiven und passiven Subtyp unterscheiden, die voneinander sehr verschieden und in gewisser Hinsicht gegensätzlich sind.

Der aktive Untertyp ist gekennzeichnet durch leidenschaftliche Liebe, durch sehnliches Wünschen und Bezogensein, was ihn in der Beziehung zu dem begehrten Objekt, sei es nun ein Mensch oder ein Gegenstand, eifrig und expansiv werden lässt. Er bemüht sich dann eifersüchtig und besitzstrebig darum, das begehrte Objekt festzuhalten.

Der passive Untertyp verhält sich genau umgekehrt: entgegenkommend, anpassungsbereit, beeinflussbar und leichtgläubig. Er ist nachgiebig, fügsam und neigt dazu, der zuletzt gesagten Meinung zuzustimmen. Er macht den Eindruck grosser Schwäche und das ist gelegentlich auch wahr, doch meist ist der Grund nicht ein Fehlen von Stärke. Die Ineffizienz dieses Typs ist das Ergebnis von Unentschlossenheit, Mangel an Konzentration und einer Tendenz zu verbaler Weitschweifigkeit, was wirkungslos bleibt und eine Vergeudung wertvoller Energien und Fähigkeiten bedeutet.

Der Liebestyp (und der passive Untertyp im besonderen) ist oft harmlos, gutmütig und charmant; seine Begrenzungen sind für die anderen eher angenehm und nützlich, da sie leicht ihren Vorteil daraus ziehen können. So provoziert er keinen Widerstand, sondern wird im Gegenteil oft ermutigt und erhält die Zustimmung anderer. Einen völlig anderen

Effekt rufen – wie wir gesehen haben – die Eigenschaften des Willenstyps hervor, bei dem nicht nur die Fehler, sondern oft auch die guten Seiten als unangenehm und störend empfunden werden und dadurch Feindschaft erregen.

Die überpersönlichen Qualitäten des Liebestyps sind hauptsächlich jene, die die verschiedenen Aspekte spiritueller Liebe zum Ausdruck bringen. Dies sind zuerst die Liebe für das Universale Selbst oder zur Höchsten Wirklichkeit und für deren kosmische Manifestationen; deren fortschreitende Offenbarung in der Natur und in den Menschen. Daraus leitet sich die Suche nach dem Höheren Selbst ab, dem in allen Wesen verborgenen transpersonalen Element. Es entsteht ein spirituelles Erbarmen und ein Gruppenbewusstsein, das durch liebevolle Beziehungen und Identifikation mit anderen entwickelt wird.

Doch gibt es noch eine zweite Gruppe überpersönlicher Qualitäten, die sich von den ersteren unterscheiden, obschon sie auf subtile Art mit ihnen verknüpft sind. Es sind die mit dem Wunsch nach Wissen verbundenen Qualitäten. Die Verbindung von psychischer Sensitivität, Intuition, liebevollen Beziehungen sowie Identifikation mit dem Höheren Selbst, bringt ein volles Verstehen anderer Menschen, der Natur ihres Wesens, ihrer Bedürfnisse und Bestrebungen hervor, wie auch ein generelles Verständnis des Lebens ganz allgemein. Dies bedeutet Weisheit in ihrem weitesten Sinn.

Bei einigen der besten Vertreter dieses Typs ist die Qualität der Liebe am bemerkenswertesten, während bei anderen die Weisheit den Sieg davonzutragen scheint; doch in Wirklichkeit können diese beiden Aspekte auf der Ebene des Höheren Selbst nicht voneinander getrennt werden: der eine beinhaltet notwendigerweise den anderen. Die höchsten Beispiele können wir in Leben und Lehre der beiden grössten Repräsentanten dieses Typs sehen, die die Menschheit kennt: Christus und Buddha.

Der leitende Ansporn im Leben Buddhas war der Wunsch zu wissen, die Ursache von Leiden zu erkennen und Wahrheit zu erlangen, was seinen Höhepunkt in seiner Erleuchtung hatte. Doch es waren seine Liebe zu seinen Mitgeschöpfen und sein Erbarmen mit ihren Leiden, die ihn ein halbes Jahrhundert lang Indien durchwandern liessen, unermüdlich den »edlen Pfad der Befreiung« lehrend. In dieser Lehre spielten Liebe und Verständnis eine weit grössere Rolle als allgemein erkannt wird.

Im Leben Christi sind seine Liebe zu Gott und seinen Jüngern wie auch sein Erbarmen mit den Leiden der Massen die wichtigsten spirituellen Qualitäten. Aus den wahrscheinlich unvollständigen Dokumenten des Evangeliums geht deutlich hervor, wie sehr seine Liebe von Weisheit durchdrungen war. Seine Worte und Gleichnisse offenbaren das tiefste Verstehen der menschlichen Natur und lehren auf eine klare und einfache Weise die Gesetze des geistigen Lebens.

Die spirituele Qualität der Liebe hat sich am eindrücklichsten in den Lebensläufen der grossen Philosophen und Religionsstifter offenbart. Das Wort »Religion« selbst bedeutet etymologisch »verbinden« und »vereinigen« – das sind wesentliche Funktionen des diskutierten Typs. Natürlich finden wir in den historischen Religionen und Institutionen auch die verschiedensten Kennzeichen anderer Typen, weil ja alle Arten von Menschen zu ihnen gehörten und zu ihrem

Wachstum beitrugen. So gehörten die Mystiker, die im mittelalterlichen Christentum von grosser Bedeutung waren, wahrscheinlcih in der Hauptsache dem devotionalen Typ an, während die komplizierte Struktur und die peinlich genau durchorganisierten Rituale der katholischen und anderer Kirchen infolge der organisatorischen Fähigkeiten von Exponenten des Organisationstyps entstanden sind.

Bei den grossen Philosphen, insbesondere jenen mit einer spirituellen Qualität, finden wir einen hohen Grad von Weisheit als Resultat ihres Wissensdurstes. Bei gewissen neuzeitlichen Philosophien, die mehr zum Konkreten tendieren, finden wir auch den Einfluss des wissenchaftlichen Typs.

Wenden wir uns der Kunst zu, dann erkennen wir insbesondere in der Musik ein wundervolles Medium des Ausdrucks höchster Liebesgefühle mit all ihrer mitreissenden Intensität und dem Reichtum und der Subtilität all ihrer Variationen und Nuancen. Musik kann man grösstenteils als eine »Liebesfeier« auffassen, von den einfachen Liebeslieder der Naturvölker bis zu den unzähligen Schlagern aller Nationen; von den leidenschaftlichen Duetten der Oper bis zu den grossen Hymnen. So hat z.B. Richard Wagner im Höhepunkt von Tristan und Isolde die völlige Verschmelzung durch die Liebe darzustellen versucht, die selbst die persönliche Trennung durch den Tod überwindet.

Im Bereich der Literatur haben wir in der lyrischen Dichtung ein Medium für Liebende, wo sie ihre Hoffnungen und Aengste, ihre Freuden und Sorgen zum Ausdruck bringen können.

Aus dem Gesagten sollte deutlich werden, welche besondere Funktion der Liebestypus hat und in welchen Berufen er sich mit seinen Eigenschaften und Talenten am besten ausdrücken kann. Seine Fähigkeiten liegen offensichtlich im Verbinden, Vereinigen, Verschmelzen; im Beschützen, Nähren, Beistehen; im Verstehen, Lehren, Erziehen und im Erleuchten.

Der Einfluss, den er ausübt, hat nicht den schnellen und dynamischen Effekt wie beim Willenstyp, sondern er dringt nur langsam durch und verbreitet sich sanft. Dennoch kann sich seine Wirkung nach und nach von grosser Weite, Tiefe und Dauer erweisen. Es ist eine ruhige Ausstrahlung, die zunächst fast unbemerkt bleibt und keinerlei Widerstand weckt, aber gerade aus diesem Grund durchdringend, dauerhaft und wirkungsvoll ist, wo ein mehr eindrucksvoller, aggressiver Einfluss wegen der heftigen Reaktion, die er hervorruft, fehlschlagen würde.

Die Berufe und Beschäftigungen, in denen dieser Typ seine Funktion erfüllen kann, sind viele und variantenreich. Sie umfassen Psychologie, Lehren, Heilen, Pflegen, soziale und humanitäre Dienste aller Art. In gewissem Sinne kann die Rolle der Mutter, deren Hauptcharakteristik die beschützende Liebe ist, ebenso zu diesem Typ gehörend angesehen werden.

Die Aufgaben jener, die diesem Typ angehören, sind in der vorliegenden Beschreibung indirekt schon angesprochen worden. Ihre zentrale Aufgabe ist aber noch schwieriger, nämlich frei zu werden von allen Verhaftungen, aus der wahren Liebe alle Elemente der Habgier und des Besitzenwollens auszuschalten, um mit innerer Freiheit zu lieben und gleichzeitig auch den geliebten Menschen volle Freiheit zu gewähren.

Um ein solches Losgelöstsein zu erreichen, muss die Liebe einer vollkommenen Transmutation und Sublimation unterzogen werden; persönliche Liebe muss derart von ihren egozentrischen Elementen befreit und gereinigt werden, damit ihr wahres Wesen zum Vorschein kommt in der wohltuenden Austrahlung eines Altruismus, der in einer grösseren Einheit, einem umfassenderen Ganzen aufgeht.

Eine weitere wichtige Aufgabe der Psychosynthese dieses Typs liegt darin, sich der Beseitigung seiner spezifischen Schwächen und Begrenzungen zu widmen und sie mit Hilfe eines starken Willens gutzumachen. Im allgemeinen ist der Wille als wesentliche menschliche Qualität im Liebestyp wenig entwickelt, ein Mangel, der oft schwerwiegende Konsequenzen nach sich zieht. Eine unbeherrschte Liebe und wäre sie noch so edel, verursacht Leiden aller Art, während ein liebender Mensch, der in der Lage ist, seinen Willen einzusetzen, eine spirituelle Kraft von hohem Wert erlangt.

3. Aktiv-praktischer Typ

3. Aktiv-praktischer Typ

Unsere Beschreibung dieses Typs wird ein wenig kürzer ausfallen als die der vorhergehenden, keineswegs weil er weniger wichtig wäre oder weniger Vertreter aufwiese – ganz im Gegenteil: diese sind zahlreich, besonders heutzutage – sondern weil er einfacher und leichter zu verstehen ist sowie weniger variantenreich auftritt als beispielsweise der Liebestyp.

Die grundlegende Qualität, die diesen Typ charakterisiert, ist intelligente Aktivität. Es handelt sich um dieselbe Intelligenz, welche moderne Physiker als der Materie innewohnend erkannt haben, sogar der sogenannten anorganischen Materie. Genau gesagt existiert diese Intelligenz in den vielen verschiedenen Manifestationen von Energie, die die Struktur dessen bildet, was unsere Sinne als feste Substanz wahrnehmen. Die moderne Physik hat entdeckt, dass alle diese Schwingungen, Wellen und Energiequanten etc. reguliert werden durch Gesetze, logische Verknüpfungen und mathematischen Formeln, die die Notwendigkeit der Existenz einer höheren Intelligenz demonstrieren. Das ist von vielen Physikern, Astronomen und Mathematikern klar und überzeugend dargelegt worden.

Diese Intelligenz ist sogar noch klarer erkennbar im Funktionieren organischer Substanzen – also bei lebenden Körpern, pflanzlichen, tierischen oder menschlichen – wenn wir sie ohne materialistische oder behavioristische Vorurteile zu beobachten vermögen. In der organischen Welt finden wir überall die kontinuierliche Demonstration feinfühliger Anpassung, geschickte Auswahl und den Gebrauch geeigneter Mittel zum Erreichen bestimmter Ziele.

Die subtile funktionelle Koordination verschiedener Organismen, ihre rasche Anpassung, ihre Verteidigungsmechanismen und insbesondere ihre Fähigkeit zu wachsen und sich durch den geheimnisvollen Vorgang der Fortpflanzung zu erneuern – all das demonstriert eine erstaunliche Intelligenz, die sich vom starren, unveränderlichen und stereotypen Funktionieren auch unserer komplizierteren Maschinen deutlich unterscheidet.

Es ist dieselbe Intelligenz, die der Mensch bei seiner immer grösseren Beherrschung der Natur gezeigt hat, von den ersten Geräten und Werkzeugen bis hin zu solchen Errungenschaften wie Telegraphie, Radio und Fernsehen; von der modernen Chemie und Chirurgie sowie – unglücklicherweise – bis hin zur Entwicklung von Maschinengewehren, Bomben und Atomwaffen.

Aus diesen Überlegungen folgt natürlich, dass Männer und Frauen, bei denen diese spezifische Qualität dominant ist, ausgesprochen praktisch veranlagt sind. Sie haben die angeborene Fähigkeit mit unterschiedlichsten Materialien umzugehen und sie für vielfältige Zwecke nutzbar zu machen. Oft verfügen sie über erstaunlich geschickte Hände, sind klug und erfolgreich im Konstruieren und Reparieren. Mit Leichtigkeit finden sie sich in der Aussenwelt zurecht, die für sie »wirklich« und dazu spannend ist.

Unter den materiellen Objekten, die sie interessieren, gibt es eines, das sie nicht selten höher als jedes andere schätzen, es ist das Ziel ihres grössten Bemühens – nämlich das Geld. Das dürfte nicht überraschen, stellt es doch den einleuchtendsten und greifbarsten »Wert« dar und das Mittel, durch das alle anderen materiellen Werte gewährleistet sind. Wir finden daher generell, dass der aktive Typ mit Bedacht solchen Tätigkeiten nachgeht, die etwas einbringen. Wohlstand und materieller Erfolg sind im wichtig. In dieser Hinsicht kann er dem Typ des Liebenden ähneln, doch wenn man genauer hinschaut, zeigt sich ein wichtiger Unterschied zwischen den beiden: der Liebestyp wünscht sich Geld und anderen Besitz für sein Vergnügen, seine Bequemlichkeit, Sicherheit oder andere Vorteile; sein Wunsch ist es, diese Dinge ohne Anstrengung oder Sorgen zu erhalten, sei es durch Erbschaft, als Geschenk oder durch Glück. Der aktiv-praktische Typ hingegen ist hauptsächlich am Vorgang des Geldverdiens interessiert, an dem Spiel, im Geschäft, im Bankwesen usw. mit Geld umzugehen. Er schätzt das Geld auch als Symbol oder Prüfstein, der seine Fähigkeiten, seinen Erfolg und seinen »sozialen Wert« bestimmt. Die amerikanische Redewendung: »Dieser Mann ist so und soviel Dollar wert«, gibt diese Einstellung sehr einfach wieder.

Im Gefühlsbereich sind die spezifischen Charakterzüge des praktischen Typs impulsives und aktives Begehren. Dieser Typ ist völlig extrovertiert; all seine Emotionen bringen unmittelbare und lebhafte Reaktionen hervor. So ist er oft effizient, gelegentlich grosszügig, aber auch vorschnell und ungeduldig. Wohl nichts bereitet ihm mehr Mühe, als langsam vorzugehen und den günstigen Augenblick abzuwarten.

Im Bereich des Subjektiven, in der Komplexität des Gefühlslebens, in Angelegenheiten, die psychische Sensitivität oder die Höhenflüge ästhetischer Vorstellungskraft erfordern, tendiert der aktiv-praktische Typ zu Ratlosigkeit oder einfach Uninteressiertheit. Diese Fähigkeiten sind bei ihm generell eher schwach oder gar nicht entwickelt. Der »weibliche« Aspekt des Psyche, wandelbar und plastisch, ist für ihn ein undurchdringliches Geheimnis; sein praktischer Verstand sieht darin keine Bedeutung. Derselbe Mann, der in der Lage ist, geschickt mit Dingen, Zahlen und anderen Männern umzugehen, macht Fehler über Fehler, ist ungeschickt und erfolglos im psychologisch richtigen Umgang mit Frauen. Häufig stattet ein erfolgreicher Geschäftsmann seine Ehefrau mit allen erdenklichen Annehmlichkeiten und Luxusgütern aus, um ihre materiellen Bedürfnisse zu befriedigen, und lässt sie trotzalledem auf der emotionalen und imaginativen Ebene verhungern. Zum Schluss fragt er sich dann jammernd oder ärgerlich, warum sie unbefriedigt, schlaflos oder neurotisch ist und warum sie – wie es oft geschieht – ihn verlassen will.

Im mentalen Bereich zeigt dieser Typ einen seltsamen Widerspruch. Er ist oft intelligent, mental aktiv, unternehmungslustig und findet schnell die richtigen Methoden – aber dies ist nur dann der Fall, wenn er es mit praktischen oder konkreten Problemen zu tun hat. Stösst er auf philosophische Probleme, allgemeine Theorien oder prinzipielle Fragen, verliert er das Interesse und wendet sich in der Regel von diesem Themen mit der Bemerkung ab, dass sie ihm bedeutungslos, unpraktisch und zu abstrakt vorkommen und sowieso »nirgends hinführen«. Manchmal sammelt er Antiquitäten oder Kunstgegenstände – als Hobby oder weil es gerade »in« ist und ihm in der Gesellschaft einen höheren Status sichert, selten jedoch tut er es aus echter Wertschätzung oder weil er wirklich Freude daran hätte.

Auch in der intuitiven Sphäre fühlt sich der aktiv-praktische Typ selten heimisch. Die sogenannte »Intuition« des erfolgreichen Geschäftsmannes hat wenig mit wirklicher Intuition zu tun, die mit transpersonalen Qualitäten und Werten, der Wahrnehmung von Bedeutung und Sinn, mit liebevollem Verstehen und der Weisheit des Höheren Selbst verbunden ist.

Diese kurze Analyse liefert uns genügend Anhaltspunkte, um ein Bild der Gaben und Begrenzungen des praktischen Typs zu skizzieren. Seine Talente lassen sich wie folgt zusammenfassen: Geschicklichkeit im Handeln, Tüchtigkeit, Schnelligkeit, die Fähigkeit etwas zustande zu bringen, sowie die Erfindungsgabe. Dieser Typ strebt danach das »Gesetz der Oekonomie« zu meistern, den grössten Nutzen mit geringstem Aufwand an Material und Zeit zu erreichen. Diese Qualität befähigt ihn, einen bedeutsamen Beitrag zur menschlichen Evolution zu leisten, indem er alles nützt und verbessert, was in der Aussenwelt zu finden ist. Wir verdanken ihm die praktische Verwirklichung menschlicher Ideen und ganz allgemein, den materiellen Ausdruck alles Immateriellen. Das Beste unserer gegenwärtigen Zivilisation, ihren beachtlichen Fortschritt und die Anhebung des Lebensstandards, die Ausrottung einer ganzen Reihe von Übeln, die zunehmende Macht des Menschen über die Materie – wir verdanken all dies grösstenteils den Qualitäten dieses Typs.

Die Begrenzungen dieses Typs sind ebenso klar wie seine Qualitäten. Sein Grundfehler ist eine Tendenz zur materialistischen Haltung, die ihn leicht dazu führt, den Wert materieller Errungenschaften und weltlichen Erfolgs zu überschätzen. Eine weitere Begrenzung ist die übertriebene und unproduktive »Geschäftigkeit« in Form von altemloser

Hast, Hyperaktivität, starker Erregung und aggressiver, unangenehmer Einmischung. Viele Vertreter dieses Typs suchen ihre gewünschten Ziele auch indirekt zu erreichen, durch skrupellosen Einsatz betrügerischer Mittel oder indem sie die Schwächen anderer ausnützen. Dieser Typ kann indessen, nicht weniger als andere, auf seine Art die transpersonalen Werte zum Ausdruck bringen. Die Beherrschung der Materie, seine Kenntnisse und seine Anwendung der Naturgesetze, seine Erfindungsgabe und Konstruktionsfähigkeit sind in der Tat transpersonale Kräfte. Wenn sie uneigennützig eingesetzt werden geschieht das oft zum grössten Nutzen der grösstmöglichen Anzahl von Menschen. Die umfassende Verbesserung der Lebensumstände, Verbreitung von Wissen sowie Ausweitung und Verfeinerung der Verkehrs- und Kommunikationsmöglichkeiten sind die notwendige materielle Grundlage für weltweite Beziehungen, Kooperation und Vereinigung. Dies sind die unschätzbaren Gaben, die dieser Typ in Verbindung mit dem wissenschaftlichen Typ der Menschheit zuteil werden liess und lässt.

Beispiele für den aktiv-praktischen Typ kennt jeder. Wir erwähnen hier nur ein dafür sehr typisches Beispiel: Henry Ford. Wenn wir seine Autobiographie lesen, kommen wir nicht umhin, die Genialität zu bewundern, mit der er die Gesetze der Ökonomie bei seiner Autoherstellung zu handhaben vermochte. Er liess sich mechanische Vorrichtungen und kleine Einsparungen einfallen, die es nicht nur erlaubten die Produktion zu steigern, sondern auch die Kosten senkten und damit den Gewinn erhöhten. Ford ist ausserdem ein gutes Beispiel für die Kombination von aktiv-praktischem und organisatorischem Typ.

Kollektive Beispiele – abgesehen von den allgemeinen

Kennzeichen der modernen Zivilisation – finden sich bei verschiedenen Völkern und Nationen, etwa bei den Chinesen in der Vergangenheit und den Franzosen in modernen Zeiten. Wenn wir die alte chinesische Kultur studieren, bemerken wir ihren in hohem Masse praktischen Charakter (wenn auch auf uns ungewohnte Weise verwirklicht und gewiss nicht praktisch im heutigen Sinn). Im alten China finden wir die Wiege der meisten praktischen Erfindungen wie das Papier, den Druck und den Kompass, um nur einige zu nennen. Die alten Chinesen hatten die Gabe eines verfeinerten Formsinns. In ihrer Malerei zeigt sich eine wunderbare »künstlerische Ökonomie« im Heraufbeschwören ganzer Landschaften mit wenigen Pinselstrichen. Dem vergleichbar offenbart ihre Dichtkunst in vier oder fünf kurzen Zeilen einen subtilen Denkzustand, verbunden mit hervorragendem Ausdruck von Gefühlsschattierungen.

Die Franzosen sind die Inkarnation des aktiv-praktischen Typs durch ihren präzisen Sinn für die Form und die exakte Struktur ihrer Sprache. Viele französische Künstler und Dichter trieben einen förmlichen Formkult, beispielsweise die »Parnassier«. Ein weiterers Kennzeichen ist ihre Sparsamkeit und ihre Liebe zum Geld. Um genauer zu sein, können die Franzosen als Kombination des aktiv-praktischen und des wissenschaftlichen Typs betrachtet werden.

Eine psychologische Analyse der jeweiligen Philosophien dieser Kulturen bestätigt uns in dieser Ansicht. Die Philosophie des Konfuzius mit ihrem konkreten und praktischen Charakter und ihrer bewundernswerten Weltweisheit gehört eindeutig zum aktiven Typ, und dasselbe lässt sich von den positivistischen Tendenzen vieler moderner französischen Denker, von Auguste Compte bis Hippolyte Tain, sagen.

Die Funktionen des aktiv-praktischen Typs lassen sich wie folgt umreissen: Hervorbringen, Verwirklichen, Herstellen, Anpassen und Erfinden. Diese Funktionen können natürlich in vielen Berufen und Tätigkeiten Anwendung finden, etliche gab es zu allen Zeiten, da sie für ein zivilisiertes Leben grundlegend notwendig sind, während andere neu sind, als spezifisches Produkt unserer heutigen Zivilisation. Dies beinhaltet die Tätigkeiten von Handwerkern aller Art, von den teilweise einfachen, aber grundlegenden Beschäftigungen des Landwirts bis zum besonders fähigen Mechaniker und Kunsthandwerker, von der sorgfältigen Tätigkeit der Hausfrau bis zu dem herausragenden Geschick der Spitzen- und Gobelinherstellerinnen. Sie schliessen auch die Konstruktionstätigkeit des Ingenieurs, die Arbeit des Kaufmanns, die eindringliche Überzeugungsgabe des Händlers und die Dienste des Sozialarbeiters mit ein.

Die Aufgaben des aktiv-praktischen Typs sind:

1. Die Überwindung der ihm eigenen Begrenzungen durch bewusste Pflege der Eigenschaften anderer Typen, insbesondere jener des Kreativen und des Liebenden; die Anerkennung der nicht greifbaren Welt, seelischer Qualitäten und Schönheit; die Entwicklung höherer Gefühle und die Kunst der Besinnung, die es ihm ermöglicht, sowohl die Tiefen seines Inneren auszuloten als auch die Höhen des Fühlens, Denkens und transpersonalen Lebens zu erklimmen, anstatt oberflächlich in alle Richtungen zu eilen.

Das wird ihm helfen, seine übermässige »Geschäftigkeit« zu kontrollieren und zu eliminieren. Er muss, wie schwer und unangenehm es für ihn auch sein mag, den Wert und die Kunst der Ruhe, der Stille, der Entspannung und des Schweigens schätzen lernen.

2. Vereinigung der praktischen und transpersonalen Aspekte seiner Natur. Das kann er erreichen, wenn er sein Tun über die normale, materielle Ebene emporhebt und es mit neuem Sinn und höheren Werten erfüllt. Diese Zielsetzung kann auf verschiedene Weise ausgedrückt werden – entsprechend der gedanklichen und emotionalen Art des persönlichen Erlebens. Einige Beispiele, auf die wir Bezug nehmen, werden uns helfen, das Gemeinte in den verschiedenen »Masken« wiederzuerkennen.

Christen sprechen davon, »das eigene Tun Gott darzubringen« oder »zur grösseren Ehre Gottes zu arbeiten«. Die Inder nannten es »arbeiten, ohne an den persönlichen Früchten des Tuns zu hängen«. Sie sprachen von »Karma-Yoga«, einer transpersonalen Verwirklichung und Verbindung mit dem Allerhöchsten, die eine unvoreingenommene und uneigennützige Erfüllung der eigenen Pflichten verlangt. Eine etwas philosophischere und objektivere Art, dieselbe Tatsache auszudrücken lautet: »Arbeiten zum grössten Nutzen der grösstmöglichen Anzahl von Menschen« und der heute am häufigsten verwendete Begriff ist »Dienen«. Doch dieses Wort sollte nicht in dem seichten, verschwommenen Sinn verstanden werden, in dem es inzwischen üblicherweise gebraucht wird. Es bezieht sich nicht auf irgendeine Art von nützlicher sozialer Aktivität (obwohl dies ein Schritt in die richtige Richtung sein kann für jene, die noch nicht mehr tun können oder wollen), sondern beinhaltet die Widmung des gesamten persönlichen Lebens, einschliesslich der Körperfunktionen.

Diese Widmung oder »Weihung« erfordert eine entschlossene innere Haltung. Zuallererst setzt sie geistige Freiheit voraus, das heisst Befreiung von allen Arten des Verhaftetseins, einschliesslich Feindschaft, Schuldzuweisung, Ablehnung und Böswilligkeit – Formen negativen Verhaftetseins – die nicht weniger binden und in Ketten legen als die positiven Formen. Der geistig erwachte Mensch steht innerlich über seinen Aktivitäten und ist fähig, sie bewusst auszuwählen, zu lenken und zu regulieren, statt völlig darin verwickelt zu sein und von ihnen beherrscht zu werden. Auf diese Weise ist er bewusst und willentlich in einem höheren Sinn und Wert verankert, widmet sein Tun überpersönlichen Zielen und bringt es in Einklang mit dem grösseren Strom der Welt-Evolution und dem Wohle aller. Das ist nicht eine vage Haltung der Hingabe, sondern ein ganz präziser Prozess, eine Verwandlung der eigenen Arbeits- und Lebensweise, die revolutionäre Resultate erbringt. Diese Resultate zeigen sich deutlich, wenn dieser Prozess auf drei vitale Bereiche des natürlichen Lebens angewandt wird: Sexualität, Nahrung und Geld.

Die Sublimation der Sexualität und des persönlichen Lebens ist schon kurz beim Liebestyp beschrieben worden. Sie gründet sich auf die Anerkennung der Heiligkeit dieser Funktion, die über die Generationen hinweg physisches Leben fortbestehen liess.

Die Heiligung der Nahrung basiert auf dem Bewusstsein derselben Tatsache: dass es ihr wahres Ziel ist, das physische Instrument für das Höhere Selbst zu entwickeln und zu erhalten, weil es für die Verwirklichung der Ziele notwendig ist. Sie ist auch auf die Erkenntnis der Tatsache gegründet, dass Nahrung von lebendigen Geschöpfen stammt, seien es Pflanzen oder Tiere, und dass diese »niederen« Naturreiche demselben Universum angehören. Wenn sie unseren Bedürfnissen geopfert werden, sollten wir sie konsequenterweise mit Respekt und Dankbarkeit behandeln.

Diese Überlegungen können die Frage auftauchen lassen, ob das Töten von Tieren gerechtfertigt ist oder nicht. Solch ein Problem lässs sich nicht in kurzer und beiläufiger Art adäquat behandeln da es verschiedene wichtige Probleme aufwirft. Man kann hier nur darauf hinweisen, dass ein völliger Verzicht auf tierische Nahrung sehr schwer zu praktizieren ist, besonders im nördlichen Klima. Andererseits sollte doch der Verlauf allgemeiner Orientierung in Richtung auf Reduzierung tierischer Nahrungsmittel gehen und zu Schlachtmethoden führen, die für die Tiere möglichst schmerzlos sind. Von besonderer Wichtigkeit wäre ein überlegter und humaner Umgang mit Tieren in jeder Situation, damit deren Opfer für die Menschheit durch unsere gütige und rücksichtsvolle Aufmerksamkeit ausgeglichen wird.

Beim Essen gilt es die gierige Haltung, aufgeregte Betriebsamkeit und gedankenlose Hast zu überwinden und durch den Dank und die Würdigung des Geschmacks und der Schönheit der Form zu ersetzen, die uns die Natur für unseren Verzehr bietet. Diese Gewohnheit sollte insbesondere die Neigung zum Verschlingen ohne ausreichend zu kauen überwinden helfen, der der aktiv-praktische Typ mit seiner Hast und Ungeduld so leicht erliegt. Ausserdem ist das Gefühl des Geniessens ein verdauungsförderndes Mittel und eine grosse Hilfe bei der richtigen Aufnahme der Nahrung im Körper.

Wenden wir uns zum Schluss noch dem Geld zu, so stellen wir fest, wenn wir uns selbst mit der nötigen Ehrlichkeit prüfen – die die wesentliche Bedingung einer wirklich spirituellen Lebensführung ist – dass schon der blosse Gedanke daran tiefe und intensive Empfindungen, oft einen Aufruhr verborgener Emotionen und leidenschaftlicher Reaktionen in uns hervorruft, die unsere Persönlichkeit an einigen sehr empfindlichen Stellen berühren.

Wollen wir Licht in dieses Dunkel bringen, sollten wir all das aus den Tiefen des Unbewussten an die Oberfläche kommen lassen, ohne jede »Zensur«. Eine turbulente Flutwelle mag dann auftauchen, in der Ströme von Angst, Begehren, Habgier und Gebundensein sich vereinen mit Schuldgefühlen, Neid und Empörung.

Die Grundlage des korrekten individuellen Gebrauchs von Geld ist der Verzicht auf die Vorstellung von Besitz als einem persönlichen Recht. Rechtsgültiger Besitz von Eigentum ist etwas, was seine psychologische oder praktische Rechtfertigung hat, setzt man das Durchschnittsniveau der moralischen Entwicklung der Menschheit voraus. Der Wunsch zu besitzen ist ein ursprünglicher Antrieb, den wir in Rechnung ziehen müssen: wir können ihn nicht abtöten oder gewaltsam unterdrücken. Doch von einer höheren Warte aus gesehen gewinnt Eigentum einen ganz anderen Aspekt und Sinn. Es ist nicht länger ein persönliches Recht, sondern eine Verwantwortung.

Von der spirituellen Sicht der Dinge aus, kann sich ein Mensch nur als Verwalter, Spender oder Treuhänder materieller Güter betrachten, wo er auf die eine oder andere Weise zu »besitzen« das Recht haben kann. Sie sind für ihn so etwas wie ein Prüfstein, ein Test, dem er sich unterwirft; eine geistige, moralische und soziale Verantwortung, die mit Würde zu tragen tatsächlich mühsam sein kann.

Es ist gut zu beachten, dass die »Heiligung« (Sacralisation) all seiner verschiedener Funktionen und seiner Arbeit für den aktiv-praktischen Typ den Weg »par excellence« bedeutet, aber auch von allen anderen Typen praktiziert werden sollte, denn wir alle funktionieren mittels unseres Körpers und sind in der Welt aktiv. Der richtige Weg, um die verschiedenen Aktivitäten weiter zu entwickeln, betrifft daher jeden von uns.

Besondere Aufmerksamkeit muss dieser Tatsache von all jenen geschenkt werden, denen die Fähigkeiten des aktiven Typs fehlen und die sie konsequenterweise entwickeln sollten. Für die besonders Introvertierten ist dies eine notwendige Form der Übung zur Vervollständigung ihrer Persönlichkeit. Die »Heiligung« ihrer Aktivitäten wird ihnen ausserordentlich helfen, praktische Arbeit schätzen zu lernen und sie heiter und bereitwillig auszuführen (was für diesen Persönlichkeitstyp sehr schwierig ist). Arbeit erscheint so in einem ganz neuen Licht und wird auf eine neue Art gewürdigt, durch den transpersonalen Sinn und Wert, der sie zu durchdringen beginnt.

Natürlich bedarf es zum Erlangen dieser Resultate der Liebe und des guten Willens, wie es auch Verlaine ausdrückte:

> »La vie humble, aux travaux ennuyeux et faciles
> Est une oeuvre de choix qui vaut beaucoup d'amour«.

(Das bescheidene Leben mit seinen langweiligen und einfachen Arbeiten ist ein erlesenes Werk, das viel Liebe wert ist.)

Es ist der Mühe wert, weil eine grossmütige Haltung von Liebe und Verständnis das Alltagserleben verwandeln kann und die ermüdend-gleichförmige Routine der kleinen täglichen Handlungen mit freudvollem Glanz überstrahlt.

Mit Hilfe dieser »Heiligung«, die im wesentlichen innerhalb der Reichweite eines jeden liegt, liesse sich der ganze Charakter unserer Zivilisation verändern. Aus einer »weltlichen« und materialistischen Lebensart, könnte sich eine würdigere entwickeln, wie es bereits auf dem Höhepunkt einiger alter Kulturen geschah. Dasselbe kann jetzt auf einer höheren Ebene der Evolutionsspirale und mit einer viel grösseren Anwendungsbreite geschehen, weil der ganze technische Fortschritt zur Verfügung steht, der das Hauptmerkmal unseres Zeitalters darstellt.

Während diese Art unser Leben zu führen – wie schon gesagt – uns allen erreichbar ist, bleibt dennoch ein grundlegender Unterschied zwischen den verschiedenen Typen, weil die Motivation ihres Handelns immer verschieden bleibt. Bei anderen Typen ist beispielsweise der Handlungsanreiz, das Bedürfnis zu arbeiten und Erfolg in der Welt zu erringen, nicht so erstrangig und spontan. Diesen Antrieb besitzt der aktiv-praktische Typ in besonderem Masse – oder besser gesagt: er ist von diesem Ansporn besessen.

Beim Willenstyp heisst der zwingende Antrieb Ehrgeiz, beim Liebestyp ist es die Liebe für die Familie, für das Eigentum oder das Vaterland; beim idealistischen Typ Hingabe an ein Ideal etc. Dieser Tatsache sollte Rechnung getragen werden, damit man die anderen Typen richtig sieht und den Fehler vermeidet, alle aktiv Tätigen sofort dem aktiven Typ zuzurechnen. Die wesentliche Grundlage dieser qualitativen Klassifikation bildet die Kraft der tieferen Beweggründe, der eigentlichen Motivation, die den Wesenskern oder den »Schlüssel« des Individuums anzeigt; und nicht etwa die äussere Erscheinungsweise dieser Motivation, die von sehr unterschiedlichen Faktoren bedingt und mitbestimmt sein kann. Aktivität derselben Art kann durch viele Motive hervorgerufen sein, und dasselbe Motiv kann völlig unterschiedliche Kanäle für seinen Ausdruck hervorbringen.

4. Kreativ-künstlerischer Typ

4. Kreativ-künstlerischer Typ

Der kreativ-künstlerische Typ ist weit schwieriger zu beschreiben und zu erkennen als die anderen, da er weniger klar bestimmbar ist und viele scheinbar widersprüchliche Aspekte aufweist. Dennoch ist er ein tatsächlich eigenständiger Typ von charakteristischer psychologischer Eigenart.

Um Missverständnisse zu vermeiden, sei hier erwähnt, dass mit dem wort »künstlerisch« nicht gemeint ist, dass alle Künstler und nur Künstler diesem Typ angehören würden. Viele Menschen sind auf verschiedene Art und Weise kreativ und weisen einige Züge des künstlerischen Typs auf, ohne deshalb »Künstler« zu sein, während es Künstler gibt, die in mancher Hinsicht zu anderen psychologischen Typen gehören. Das ist durch die wichtige Tatsache bedingt, dass es Mischtypen geben kann und auch gibt. Eine Person kann in der Tiefe ihres Wesens die Qualität eines bestimmten Typs besitzen, während ihre äussere Persönlichkeit die Züge eines anderen Typs zeigt.

Das Charakteristische des kreativ-künstlerischen Typs ist Harmonie. Wenn diese erreicht wird, ist das Ergebnis die Manifestation von Schönheit. Doch in der Welt des Menschen gibt es keine im voraus bestehende Harmonie, sie ist Ergebnis eines harten und oft langwierigen und schmerzlichen Konfliktes. Sie ist das Ziel, erreicht durch intensive Bemühung um Form, Veredelung, Verschmelzung und Verbindung vieler zuvor unzusammenhängender oder einander widerstreitender Elemente. Sie ist die tiefgreifende und komplexe Aufgabe, Ordnung aus dem Chaos zu erschaffen. Deshalb zeigt sich dieser Typ häufiger und offensichtlicher in Form von unbefriedigtem Ehrgeiz, innerer und äusserer Konflikte, in Kämpfen mit schwer zu bearbeitendem Material und widerspenstigen Kräften – hin- und hergerissen im Spannungsfeld polarer Gegensätze, während die eigentliche Natur dieses Typs in seiner höchsten Form Harmonie, Frieden, Einheit und Schönheit ist.

Damit ist das Problem der Polarität, das Mysterium von Dualität und Einheit angesprochen, welches als das zentrale Geheimnis allen Lebens im Universum angesehen werden kann. Ich kann mich mit diesen sehr wichtigen Phänomen an dieser Stelle nicht genügend befassen, daher werde ich nur auf gewisse Punkte hinweisen, die einen direkten Bezug zum Gegenstand der Betrachtung haben.

Das Problem, mit dem wir konfrontiert sind, wenn es zwei gegensätzliche Kräfte, Qualitäten oder Wesen gibt, kann hauptsächlich auf die drei folgenden Arten gelöst werden:

1. Kontrolle durch ein drittes Element, entweder zentral oder darüberstehend. Diese führt zu einem Gleichgewichtszustand und folgt dem »edlen Mittel-Pfad«.

2. Synthese durch innige Verschmelzung zweier gegensätzlicher Elemente. Das einfachste Beispiel dafür ist der elektrische Funke, in dem sich zwei Ladungen statischer Elektrizität, eine positive und eine negative, vereinen und somit aufheben. Weitere Beispiele sind gewisse chemische Kombinationen wie die von Säuren und Basen, welche zusammen Salze hervorbringen, oder die Verschmelzung zweier Geschlechtszellen bei der Empfängnis.

3. Die Schaffung einer dritten Qualität oder Entität durch die wechselseitige Reaktion und Vereinigung der gegensätzlichen Elemente (oft nur zeitweilig oder teilweise). Ein Beispiel dafür ist die zeitlich begrenzte Vereinigung eines männlichen und eines weiblichen Körpers (im Unterschied zur Verschmelzung der Geschlechtszellen), aus der Empfängnis und Geburt eines neuen Organismus resultieren.

Alle Formen menschlichen Schaffens sind das Ergebnis dieses letzten Vorgangs. Beispielsweise ist ein Kunstwerk oder eine Maschine das Produkt der wechselseitigen Wirkungen zwischen einer Idee, einem Bild oder Modell und einer Art Material oder Substanz, die gemäss dem Muster dieses Modells geformt wird.

Das Problem der Gegensätze betrifft uns alle, doch für den Typ, den wir jetzt betrachten, ist es ein fundamentaler Sachverhalt und bildet das zentrale Thema seines Lebens und seiner hauptsächlichen Funktion, wie sich in der nun folgenden Analyse zeigen wird.

Auf der physischen Ebene zeigen Menschen vom kreativkünstlerischen Typ ein ausgezeichnetes Verständnis für Schönheit, einen vorzüglichen Farbsinn und als Konsequenz, sehr guten Geschmack. Ihre Liebe zu äusserer Schönheit und ihr Gestaltungswunsch tendiert zur Intensivierung ihrer sexuellen Wünsche und Impulse. Die Verwirklichung dieser Impulse ist allgemein verfeinert; der Ausdruck der Instinkte ist verbunden mit einer Faszination für Schönheit und ästhetische Qualitäten. Dieser Typ neigt dazu, aus Sexualität wie auch allen anderen Lebensprozessen eine raffinierte Kunst zu machen.

Das emotionale Leben dieses Typs ist sehr aktiv und führt oft zum Verlust des inneren Gleichgewichts. Diese Menschen sind sehr wandelbar; sie pendeln zwischen den Extremen von Optimismus und Pessimismus hin und her, Zeiten der Vitalität und unbegrenzten Glücks wechseln ab mit solchen der Entmutigung und Verzweiflung. Dieses Schwanken wird in ihrer besonders lebhaften Vorstellung übertrieben und färbt die Wahrnehmung der Realität ein, verzerrt sie und formt sie um. Manchmal erreicht das ein solches Ausmass, dass ihre Phantasie die Realität völlig auslöscht. (Siehe Keyserling, Südamerikanische Meditationen, Kap. VIII, Bollingen Foundation, New York 1959.)

In dieser Hinsicht können sie auf der Gefühlsebene als introvertiert betrachtet werden. Es stimmt auch, dass sie äusserst sensitiv auf Eindrücke aus der Umwelt und die Einflüsse anderer Menschen reagieren. Sie werden sehr stark durch die Umgebung, in der sie leben, beeinflusst und sind durch Disharmonie, Hässlichkeit und Roheit leicht störbar. Sie sind gefangen in der »Delicadeza«, die ein kennzeichnender Charakter der Südamerikaner, besonders der Brasilianer, ist.

Die kreativen Typen sind oft für feine psychische Eindrücke empfänglich, sie erleben telepathische Phänomene, haben Vorahnungen und sind hellsichtig etc. Diese Sensitivität besitzt nicht nur der kreativ-künstlerische Typ. Der Typ des Liebenden mit seiner ausgeprägten Empfänglichkeit besitzt sie oftmals auch und dasselbe gilt für die mehr mystisch veranlagten Vertreter des idealistisch-devotionalen Typs. Aber diejenigen, die dem Willenstyp, dem aktiv-praktischen, dem wissenschaftlichen und dem organisatorischen Typ angehören und damit objektiver und sachlicher sind, fehlt diese Sensitivität im allgemeinen. Von diesem

Gesichtspunkt aus gesehen erscheinen die kreativ-künstlerischen Typen als passive Extravertierte. Der Widerspruch ist nur scheinbar, denn die beiden Charakteristika sind das Ergebnis verschiedener Ursachen, die einander keineswegs ausschliessen; eine aktive Vorstellungskraft kann sehr wohl neben einer ausgeprägten Sensitivität vorhanden sein. Dieses Beispiel zeigt klar, wie sehr man im Bereich der Psychologie den Gebrauch starrer Regeln oder strenger, vereinfachender Klassifikationen vermeiden muss.

Auf der mentalen Ebene finden wir auch den scheinbaren Widerspruch vor, der eingangs dieses Kapitels schon beschrieben wurde. Die leitende mentale Tendenz ist zu harmonisieren, einzubeziehen, zu vereinigen und zu vervollkommnen, aber der Kontrast zwischen der Schönheit des Ideals und den vorherrschenden Bedingungen, die seine Verwirklichung in dieser Welt verhindern, fordert ihren Instinkt heraus, die Dummheit und Blindheit jener zu bekämpfen, die für dieses Missverständnis verantwortlich sind.

In den entwickelteren Vertretern des kreativen Typs ist die Intuition sehr aktiv und wird hauptsächlich dazu eingesetzt, die wahre Bedeutung dessen zu erfassen, was den äusseren Erscheinungen und Ereignissen zugrunde liegt. Dieser Typ übernimmt bewusst oder unbewusst als seinen Wahlspruch die tiefschürfend-intuitive Bestätigung von Goethe: »Alles Vergängliche ist nur Gleichnis«, und sucht immerzu nach der verborgenen Bedeutung in allem was er wahrnimmt.

Die Persönlichkeit dieses Typs ist vielseitig, variantenreich und unbeständig und daher oft rätselhaft und schwer fassbar. Kein statisches Bild oder Schnappschuss ist in der Lage, diese Persönlicheit einzufangen; wir brauchen einen ganzen Film, um die Bilder seiner vielfältigen Charaktermerkmale in ihrer raschen Aufeinanderfolge einzufangen.

Eine der auffälligsten Abweichungen dieses Typs ist der Wechsel zwischen Zeiten untätiger Passivität und solchen fieberhafter Aktivität. Das scheint in vielen Fällen das Ergebnis mangelnder Disziplin und Selbstkontrolle zu sein. Doch gibt es oft eine partielle Rechtfertigung für diese offensichtliche Störung und fehlende Organisation, besonders bei schöpferischen Künstlern, Denkern und Erfindern. Während der Phase äusserlicher Passivität kann man eine aktive Vorbereitung im Innern beobachten, eine wahre Schwangerschaft im Unbewussten, zeitweise gefolgt von sturzbachartiger Inspiration, wenn die innere Schöpfung ans Licht kommt; dann wird das Gedicht oder das Essay geschrieben, das Lied komponiert, die neue Erfindung ersonnen. In solchen Fällen hat der betreffende Mensch bewusst einem inneren Rhythmus gehorcht, einer verborgenen Disziplin, und ist gezwungen gewesen Folge zu leisten.

Schöpfer dieses Typs können als Instrumente ihrer unbewussten oder überbewussten psychologischen Aktivität betrachtet werden, unfähig darüber irgendeine Art wirklicher Kontrolle auszuüben. Das wirft eine viel diskutierte Frage auf, ob solch eine Kontrolle angestrebt und erreicht werden kann oder nicht. Viele Künstler haben sich gewünscht es zu erreichen und einige hatten Erfolg, sie zeigten, dass es möglich ist. Ich will auf einen von ihnen hinweisen: Maurice Maeterlinck. Seine Schriften, insbesondere das bewundernswerte Buch »La Sagesse et la Destinee«, waren die Frucht langer und tiefer Reflektion und einer erweckten Intuition, die sich in einem präzisen künstlerischen

Stil ausdrückt, der reich an erhellenden Analogien und von synthetischer Klarheit ist. Allerdings hatte Maeterlinck die Gewohnheit, seine Bücher in einem perfekt regulierten Rhythmus zu schreiben, indem er jeden Morgen um dieselbe Zeit anfing, nach zwei Stunden unangestrengten, produktiven Schreibens aufhörte und danach den Rest des Tages seinem Garten, seinen Bienen, dem Radfahren und anderer Kurzweil widmete.

Es ist zu ergänzen, dass äusserer Druck in vielen Fällen einen ausreichend starken Anreiz liefert, um schlummernde oder brachliegende Kreativität zu erwecken und Inspiration sowie »Geburt« eines Werkes zu erzwingen. Ein amüsantes Beispiel liefert Rossini. Dieser Komponist war ziemlich faul und mochte gutes Essen so sehr, dass er sich im späteren Teil seines Lebens auf seine Kochkunst mehr einbildete als auf sein musikalisches Genie. Einmal hatte er sich verpflichtet, die Partitur für eine Oper innerhalb einer bestimmten Frist zu komponieren. Der Impresario traf also alle Vorbereitungen für die Aufführung, einschliesslich der öffentlichen Ankündigung. Doch der Aufführungszeitpunkt nahte, Rossini hatte ihm est einen Teil der Musik geliefert und reagierte nicht auf seine dringlichen Bitten. Da ergriff er eine drastische Massnahme: Er schloss Rossini in sein Zimmer ein und gab ihm nichts zu essen, ehe dieser eine vorgebene Anzahl Seiten übergeben hatte. Rossini schäumte vor Wut und protestierte, aber gab schliesslich auf und komponierte in diesem Gemütszustand schnell einige seiner brillantesten und humorvollsten Arien, deren Manuskriptseiten er der Reihe nach vom Fenster auf die Strasse hinunter flattern liess, sobald sie fertig waren. Unten kopierten drei Männer sie in rasender Eile, damit sie von dem wartenden Orchester geprobt werden konnten.

Das Problem von Disziplin oder Spontanität in der schöpferischen Arbeit ist sicherlich sehr schwierig und kann hier nicht adäquat behandelt werden. Ich werde mich daher darauf beschränken zu versichern, dass man zu recht von jedem Menschen, dessen Psychosynthese sich weiterentwickelt, erwarten darf, dass er in steigendem Masse fähig sein wird, seine schöpferischen Kräfte zu regulieren und zu kontrollieren. Dank der besseren Kenntnis der psychischen und spirituellen Gesetze und Techniken sowie eines tieferen Verstehens der inneren Energiezyklen, wird er die Fähigkeit vergrössern, eher rhythmisch als chaotisch zu leben und sich durch einen Fluss seiner Kreativität auszudrücken.

Der Wechsel zwischen Aktivität und Passivität, von dem wir schon sprachen, finden wir zu einem gewissen Grad auch bei allen anderen Typen, weil er ein allgemeines Merkmal des Menschen wie auch des universellen Lebens darstellt.

Die Persönlichkeit des kreativ-künstlerischen Typs ist normalerweise phantasiereich, verträumt und unpraktisch; sie neigt dazu, der harten Realität der Tatsachen auszuweichen, eine eigene Phantasiewelt zu fabrizieren und sich darin sein Leben einzurichten. Oft sind diese Menschen extravagant, ohne jeden Sinn für den eigentlichen Wert von Geld und Besitz; sie neigen dazu, launisch und gedankenlos zu sein. Wenn die Umstände sie zur Tat herausfordern, wachen sie für eine Weile auf, formulieren aufrichtig gute Vorsätze und fangen an, in ihre Richtung zu streben. Doch ihre Entschlossenheit schwindet schnell und nur allzubald flüchten sie sich einmal mehr in ihre Traumwelt.

Männer mit dem sogenannten »künstlerischen« Temperament sind ein Problem und bieten so manchen praktischen und ausgeglichenen Frauen Anlass zu Ärger. Es ist eine der häufigen Ironien des Lebens, dass gerade sie sich mit diesem Typ verbinden, ohne zu ahnen, was da auf sie zukommt. Von einem objektiven und vernünftigen Standpunkt aus haben diese Frauen sicherlich recht, besonders wenn »künstlerische« Männer ihre Rechnungen zu zahlen vergessen und nie genug Geld in der Tasche haben, wenn sie es brauchen. Diese praktisch eingestellten Frauen sind indessen oft nicht in der Lage, die feineren Qualitäten zu würdigen, die Beweglichkeit, Grosszügigkeit und den Idealismus, die diese »künstlerischen« Temperamente oft besitzen. Insbesondere merken sie nicht, dass diese Menschen auch für sich selbst ein Problem sind. Unter der Oberfläche ersichtlicher Unverantwortlichkeit werden sie von ernsten Konflikten und echtem Leiden zerrissen. Natürlich ist es sehr schwer, sie fair zu behandeln, denn man muss ihnen mit einer Mischung aus Festigkeit, Verständnis und Sympathie begegnen. In gewissem Sinne ist diese Situation die Umkehrung derjenigen des harten Geschäftsmanns und seiner sensitiven, gefühlsvollen Gattin. In diesem Fall zeigt das »künstlerische« Temperament »feminine« psychologische Merkmale, während das praktische »männliche« Qualitäten und Begrenzungen aufweist.

Die transpersonalen Eigenschaften des kreativen Typs sind: Intuition, tiefes menschliches Verstehen, Solidarität, ein scharfsinniges Wahrnehmen von Kontrasten, was zu einem subtilen Sinn für Humor führt, und eine »göttliche Unzufriedenheit«, die ihn stetig antreibt zu wachsen, sich zu entwickeln und immer schönere und edlere Formen zu schaffen. Sein Motto könnte lauten: »Suche ohne Unterlass«. Wenn er geistig aufgeweckt ist, hat ein Angehöriger dieses Typs die grosse Gabe der Erleuchtung und der wahren geistigen Inspiration. Es gelingt ihm, die aller Formenvielfalt zugrunde liegende Einheit und die tiefere Bedeutung der äusseren Erscheinungen und Symbole zu sehen sowie alle Fragmente der gewaltigen kosmischen Manifestation.

Beispiele des krativ-künstlerischen Typs lassen sich leicht in Erinnerung rufen: Shakespeare, der mit der an Magie grenzenden Souveränität seines schöpferischen Genies all die Gestalten und Begebenheiten verwandelte, die er in der Geschichte oder in Sagen vorfand, es verstand sie mit neuer Lebenskraft zu erfüllen und ihnen intensiven, erfrischenden, dramatischen Ausdruck zu verleihen; Leonardo da Vinci mit seiner ausserordentlichen Fähigkeit, in Portraits und Landschaften die er malte, geheimnisvollen und feinfühligen Sinn einfliessen zu lassen; und viele andere Kreative bescheideneren Formats, die man in der Welt der Künste findet.

Vielleicht die vollständigste und genaueste Illustration des künstlerischen Typs in seiner feinsten, zartesten Schattierung ist im Journal »Intime von Frederic Amiel« enthalten, während einige seiner extremen Qualitäten von Walter Pater in »Marius the Epicurean« dargestellt sind. Von den Kulturepochen, die diesen Typ am besten ausdrückten, sind zwei am wichtigsten: das Goldene Zeitalter der griechischen Antike und die italienische Renaissance. Eine weitere Epoche, weniger bedeutend, aber vielleicht psychologisch interessanter, weil vielfältiger im Ausdruck, war der »Sturm und Drang« der deutschen Romantik.

5. Wissenschaftlicher Typ

5. Wissenschaftlicher Typ

Es gibt beim wissenschaftlichen Typ etwas, was ihn von allen anderen unterscheidet. Es ist dies eine Qualität, die, wenn sie unverfälscht und vollständig zum Ausdruck kommt, als ein wesentlich modernes und definitives Produkt der westlichen Zivilisation seit der Renaissance betrachtet werden kann.

Das bedeutet nicht, dass Europa diesen Typ hervorgebracht hat, und dass niemand vor dieser Zeit oder an irgendeinem anderen Ort dazugehört hätte. Doch in der antiken und in anderen Zivilisationen, haben die scharfen Unterscheidungen und Unterteilungen der verschiedenen Wissensgebiete nicht existiert. Die Alten gingen nicht mit weniger leidenschaftlichem Interesse der Wahrheit nach als wir, doch sie taten es mit ihrem ganzen Wesen und dem vereinten Gebrauch all ihrer Fähigkeiten: Intuition und Intelligenz, Hingabe und Phantasie. Da gab es keine Demarkationslinien – geschweige denn Konflikte –, die Religion, Philosophie, Wissenschaft und Kunst voneinander trennten. In unserer modernen Kultur, die im 15. Jahrhundert begann, hörten diese vier Bereiche menschlichen Interesses auf untereinander verbunden zu sein und entwickelten sich mehr und mehr zu getrennten Wissenszweigen, bei deren eventuellen Zusammenstössen grosse Konflikte entstanden. Ein besonderer Antagonismus bildete sich zwischen Religion und Wissenschaft. Es soll uns genügen hier daran zu erinnern, wie die Kirche Galileo Galilei verdammte, weil er wagte zu behaupten, die Erde bewege sich im Weltall, oder daran, wie noch vor wenigen Jahrzehnten die moderne Kontroverse um die Verbreitung der Evolutionstheorie in Schulen entbrannte.

Diese Entwicklung brachte einen unverkennbaren, klar ausgerichteten psychologischen Typ hervor: den Menschen, dessen Ideal und Hauptaufgabe die unparteiische Suche nach konkreter und objektiver Erkenntnis ist. Dieser Mensch sorgt sich nicht um Metaphysik, den letzten Grund des Seins oder dem Sinn der Existenz. Er ist nicht an Moral, Ästhetik oder irgendeiner anderen Art von Werten interessiert. Er interessiert sich einzig für die Erscheinungsform der Dinge, so wie sie von unseren fünf Sinnen wahrgenommen werden, direkt oder durch Beobachtungsinstrumente – wie sie aufeinander einwirken, sich verändern und von welchen Gesetzen sie bestimmt werden. Wenn wir das im Gedächtnis behalten wird es leicht sein, die besonderen Kennzeichen des wissenschaftlichen Typs in seinen verschiedenen Aspekten zu definieren.

Er ist ebenso lebhaft und ernsthaft an der konkreten Welt interessiert wie der aktiv-praktische Typ, aber die Motivation, die beim einen und beim anderen das Interesse wachruft, ist völlig verschieden: Die Beweggründe des aktiven Typs zielen auf den guten Gebrauch der Dinge ab, während der wissenschaftliche Typ an den Phänomenen als solchen interessiert ist. Er möchte die Struktur und Funktion des kosmischen Mechanismus sowohl im grossen Zusammenhang wie auch in den kleinsten Einzelheiten kennenlernen.

In seinen Gefühlen scheint der wissenschaftliche Typ kalt, unsensibel und sogar unmenschlich und grausam zu sein. Oft zeigt er eine merkwürdige Unfähigkeit, menschliche

Regungen oder Zärtlichkeit zu empfinden und zum Ausdruck zu bringen. Mit diesem Mangel an elementarer Sensitivität legt er die gleichgültige Kälte eines Leichensezierers an den Tag. Wenn wir ihn jedoch genauer unter die Lupe nehmen, stellen wir fest, dass dies in vielen Fällen nur deshalb so ist, weil er seine ganze Gefühls- und Hingabefähigkeit, seine ganze Liebe – und die kann gross sein – auf unpersönliche Objekte richtet. Er liebt die Wahrheit leidenschaftlich, er begehrt Erkenntnis über alles und hängt unentwegt an Ideen und Theorien. Deshalb stellt er die beim Menschen sonst üblichen Verhältnisse auf den Kopf. Bei den meisten Männern und Frauen wird das Denken durch Gefühlsreaktionen und persönliches Empfinden gefärbt oder verzerrt, während der wissenschaftliche Typ seine Gefühle in unpersönlicher Weise auf rein intellektuelle Ziele richtet.

Der mentale Bereich ist offensichtlich die natürliche Umgebung des Wissenschaftstyps. Sein unermüdlicher Verstand ist stets in Alarmbereitschaft, forschend, Fragen stellend, Probleme lösend, untersuchend, experimentierend, entdeckend und beweisend. Er besitzt eine ausgeprägte Fähigkeit zu langanhaltender Aufmerksamkeit und mentaler Konzentration, zu unermüdlicher Ausdauer bei seiner Forschung, eine bis ins kleinste Detail gehende Genauigkeit und eine bewundernswerte Begabung, Daten zu sichten, Gesetze zu entdecken und Theorien zur Einordnung von Fakten in zusammenhängende Systeme aufzustellen.

Im allgemeinen ist der wissenschaftliche Typ nicht intuitiv bzw. seine Intuition wird erdrückt durch die überreiche Verstandestätigkeit. Doch bei einigen wenigen hochbegabten Vertretern der Wissenschaft ist die Intuition lebendig am Werk und enthüllt die fundamentalen Gesetze der Natur, die Grundprinzipien des Denkens und die universellen Ideen, die der materiellen Welt zugrundeliegen.

Die Mängel dieses Typs, sichtbar bei einer Persönlichkeit, die ganz vom konkreten Denken beherrscht wird, sind eine materialistische Einstellung und eine analytische Annäherungsweise, die ihn zusammen zu der Illusion und absurden Annahme führen, er hätte die Macht, einen lebendigen Organismus durch Sezieren des toten Körpers zu begreifen. Dazu kommen bei ihm oft destruktive Kritiksucht, mentaler Stolz und Arroganz, eine übertriebene, pedantische Konzentration auf Einzelheiten und ein solcher Mangel an psychologischem Verständnis, wie man ihn bei einem intelligenten menschlichen Wesen niemals erwarten würde.

Wenn es aber eine geistig erwachte Persönlichkeit ist, wenn das Licht des Höheren Selbst sein wissenschaftliches Denken erleuchtet – ergibt sich ein völlig anderes Bild. Vorherrschende Eigenschaften sind dann: wahre Demut, geboren aus dem Verständnis für das Mysterium des Lebens, Verständnis, das stufenweise mit den Fortschritten menschlichen Wissens zunimmt; eine absolute Ehrlichkeit und geistige Offenheit, die ihn bereitwillig Fehler zugeben lässt. Er kann eine Theorie aufgeben, wenn eine neue Tatsache sie erweitert; besitzt eine fast übermenschliche Objektivität und Unparteilichkeit; eine edle Uneigennützigkeit sowie eine innere und äussere Unabhängigkeit, die ihn dazu bringt, sich von Götzenanbetung, Parteilichkeit und äusseren Autoritäten zu befreien. Er ist mutig, unvoreingenommen, fast asketisch und hat Sinn für Selbstaufopferung. Er kann sein Leben einsetzen, wie die Curies es taten, um ein kostbares neues chemisches Element zu entdecken und herzustellen, kann sich dabei allen möglichen körperlichen Unannehmlichkeiten aussetzen und bis zur

Übermüdung arbeiten, ohne sich von Zweifeln und Anfeindungen von aussen irremachen zu lassen. Während die Mehrheit fieberhaft weltlichem Erfolg und Reichtum nachjagt, kann z.B. ein Astronom sein Leben dem Messen der Entfernungen und dem Ermitteln der Eigenschaften von Sternen im All widmen.

Es ist nicht nötig, hier individuelle Beispiele für den wissenschaftlichen Typ anzuführen, denn jeder wahre Wissenschaftler gehört entschieden dazu. Doch sollten wir daran denken, dass viele Menschen, die keine wissenschaftliche Laufbahn eingeschlagen haben, dennoch vom psychologischen Standpunkt aus gesehen dazugehören können. Ausserdem ist es leichter, den wissenschaftlichen Typ in Verbindung mit anderen Merkmalen zu finden als in seinem idealtypischen Zustand.

Ich will auf einen Grossen aufmerksam machen, der kein Wissenschaftler war, aber einige der Charakteristika des wissenschaftlichen Typs im höchsten Masse auf feinste Weise verkörperte: nämlich Immanuel Kant. In seinen beiden Hauptwerken, »Kritik der reinen Vernunft« und »Kritik der praktischen Vernunft«, erhalten wir eine interessante Demonstration, wie die Unterscheidungskraft des Denkens sich nach innen auf sich selbst richtet, den eigenen Aktionsbereich klar anzeigt und dessen exakte Grenzen als ein gesondertes und unabhängiges Organ der Erkenntnis genau zu umreissen vermag. In dieser Hinsicht hat Kant eine nützliche Klärung bewirkt. Und dennoch braucht das menschliche Denken nicht in solch gesonderter und unabhängiger Weise zu funktionieren. Wie wir gezeigt haben, kann seine Funktion auch darin bestehen, Erkenntnisse, die unmittelbar durch Intuition erlangt wurden, zu interpretieren und mitzuteilen.

Ein weiterer Philosoph, der diesem Typ angehörte, obwohl er zu völlig anderen Schlussfolgerungen kam als Kant, war Descartes. Sein Insistieren auf klaren Unterscheidungen, Definitionen und methodischer Untersuchung der Wahrheit zeigt die Wesensart des französischen Denkens. Die französische Kultur ist auch ein Ausdruck des hier behandelten Typs, insbesondere die französische Sprache mit ihrer logischen und sehr strengen Struktur und ihrer Fähigkeit zu klarem, präzisem, fast kristallinem Ausdruck. Diese Qualität ermöglicht es, dass diese Sprache perfekt geeignet ist, Entdeckungen und Resultate wissenschaftlicher Forschung mit Leichtigkeit und Präzision mitzuteilen.

Die zu diesem Typ passenden Beschäftigungen lassen sich in zwei Gruppen unterteilen: jene, die daraufhin arbeiten, neue Erkenntnisse zu erreichen und andere, denen es darum geht, vorhandene Erkenntnisse zu vermitteln und zu verbreiten. Zur ersten Gruppe gehören die eigentlichen Forscher sowie bestimmte Philosophen, zur zweiten die Professoren der Wissenschaft und Philosophie und viele Lehrer im strengen Sinne des Wortes, aber nicht Erzieher, deren Ziel die Charakterbildung ist.

Die wesentliche Funktion des wissenschaftlichen Typs ist zunächst, Phänomene objektiv zu beschreiben, so wie sie direkt durch unsere fünf Sinne wahrgenommen werden oder indirekt durch Apparate; sodann die Aufzeichnung dessen, was Beobachtung und Experiment an Veränderungen feststellen, wie auch der dabei waltenden Gesetzmässigkeiten; schliesslich herauszufinden und aufzuzeigen, wie man von diesem Wissen Gebrauch machen kann, um alle diese Phänomene optimal zu beherrschen, oder wie man zur bestmöglichen Anwendung aller Kräfte und Energien des Universums gelangt. Wir müssen auch noch anmerken, dass uns spontan die Naturwissenschaften in den Sinn kommen, wenn wir von Wissenschaft sprechen: wie Physik, Chemie, Mathematik. Doch gibt es auch Wissenschaften wie die Philologie, in der Forschergeist und Befähigung zu Analyse und Klassifizierung kein weniger weites Betätigungsfeld haben.

Es ist interessant festzustellen, dass der Verstand zwei unterschiedliche und sogar gegensätzliche Aufgaben bewältigen muss, um wissenschaftliche Erkenntnis zu erreichen: Zuerst muss der Verstand analysieren und zwischen den verschiedenen Eindrücken der äusseren Welt scharf unterscheiden und dann muss er Objekte in ihre Bestandteile zerlegen und danach streben, die kleinsten, einfachsten Elemente aufzuspüren. Die nächstliegenden Beispiele für diesen Prozess sind die chemische Analyse und die Anatomie. Letztere nimmt sich einen äusserst komplizierten Organismus vor und unterteilt ihn zunächst in seine wichtigsten Organe, dann werden auch die einzelnen Gewebe der Organe unterschieden und schliesslich die einzelnen Zellen, aus denen sich jedes Gewebe zusammensetzt, mikroskopiert.

An zweiter Stelle muss der Verstand eine koordinierende und synthetisierende Funktion erfüllen, indem er die Eindrücke und Fakten wiederum zu einem stimmigen Ganzen zusammenfügt. Die erste und einfachste dieser synthetisierenden Funktionen wird in jedem Augenblick des Lebens unbewusst vollzogen. Aus der Beobachtung einer gewissen Anzahl Hunde beispielsweise abstrahieren wir die Kennzeichen, die diese gemeinsam haben, um daraus zur Vorstellung »Hund« zu gelangen. Dehnen wir diesen Vorgang sodann auf weitere Tiere aus, kommen wir zu noch allgemeineren Begriffen wie »Vierfüssler«, »Säugetier« und

»Tier«. Auf vergleichbare Art und Weise konstruiert wissenschaftliches Denken aus der Beobachtung einer Folge von Tatsachen, Begriffen und Gesetzen Theorien mit dem Ziel der Erklärung.

Letztendlich werden grosse Gruppen von Phänomenen und Ereignissen zueinander in Beziehung gesetzt und umfassen immer mehr Aspekte der Wirklichkeit, bis zum Schluss eine globale Synthese erreicht ist. Hier macht der wissenschaftliche Verstand im allgemeinen halt, in der Annahme, die höchste Ebene erreicht zu haben. Doch gibt es noch einen weiteren Schritt, den der Verstand, oder vielleicht eher der mit der Intuition zusammenwirkende Verstand, tun kann. Es ist der Prozess, sich von untergeordneten Gesetzen zu den höheren Gesetzen der Intelligenz des Universalgeistes weiterzubewegen, von den Tatsachen der Schöpfung zu den Schöpfungsprinzipien, aus denen sie hervorgingen. Das heisst in östlicher Ausdrucksweise, vom »Feld des Bewusstseins« und von der Erkenntnis weiterzugehen zum Erkennenden selbst – in einem Wort: von der Materie zum Geist.

Auf einer anderen Ebene haben wir eine klare Analogie zu der platonischen Leiter der Schönheit, deren Stufen der kreativ-künstlerische Typ emporsteigt: von dem Ausdruck der Schönheit in materiellen Objekten zu den Prinzipien und Ursprüngen von Harmonie und Schönheit des Universums. Im Fall der Wissenschaft führt die Stufenleiter zu den Höhen von Erkenntnis und Wahrheit, ausgehend von der konkreten Erscheinung der Phänomene über die verschiedenen Stufen der Begriffe und Vorstellungen zu Gesetzen und Prinzipien sowie zur Wahrheit der letztendlichen Wirklichkeit.

Die Beschäftigungen, durch die der wissenschaftliche Typ seine wesentlichen Funktionen erfüllen kann, sind die des Wissenschaftlers und des Philosophen. Die passionierte Art und Weise, mit der sich diese Menschen dem sie umgebenden Mysterium stellen, ihre unermüdlichen, klugen Bemühungen, ein Rätsel nach dem anderen zu lösen, stellen einen der faszinierendsten Aspekte der Menschheitsgeschichte dar. In einigen Fällen ergeben die Kombination von Abenteuerlust und einem zu lösenden Problem einen faszinierenden Detektivroman.

Das ist eine Analogie, die gut in Professor A. S. Eddington's Buch »Sterne und Atome« illustriert wird. Eddington sagt in der Nacherzählung der Geschichte des Wandelsterns Algol, dass sie eine wirkliche Detektivgeschichte darstellt, die den Titel tragen könnte: »Das sterbende Wort und der irreführende Schlüssel«, ebenso die Geschichte des Nachbarsterns Sirius, die heissen könnte: »Die sinnlose Botschaft«.

Nicht alle, die zum wissenschaftlichen Typ zählen, haben indessen die Fähigkeit, die Gelegenheit oder den Wunsch, wahre Wissenschaftler oder Philosophen zu werden. Nichtsdestoweniger gibt es für ihre Talente auch bescheidenere und dennoch wertvolle und notwendige Beschäfti gungen: die Verbreitung vorhandenen Wissens durch Lehren an verschiedenen Arten von Schulen, von der Grundschule bis zur Universität, wie auch durch Schreiben von leicht fasslichen Artikeln in Zeitschriften über bibliographische Forschung bis hin zu umfassenden Lehrbüchern. Andere Aufgaben, die diesem Typ ein weites Tätigkeitsfeld eröffnen, sind die technische und praktische Anwendung der Wissenschaften; deswegen gehören ihm viele Ärzte, Chirurgen, Ingenieure und Erfinder an.

Die erste und unmittelbarste psychosynthetische Aufgabe des wissenschaftlichen Typs besteht in der Kontrolle und Sublimation seines Wissensdranges. Dieser starke Drang, der sich oft in einem Meer endloser und bedeutungsloser Details verlieren oder zu nutzloser oder gar schädlicher Neugier verkommen kann, lässt sich auch zur Erfüllung der wichtigen Funktion des Forschens und Aufdeckens einsetzen. Wie bei jeder Neigung geht es darum, die Ausdrucksebene anzuheben und die notwendige Konzentration, Ausdauer und geistige Hingabe aufzubringen.

Sodann stellt sich die Aufgabe, eine fruchtbare Beziehung zwischen dieser Tendenz und den anderen menschlichen Qualitäten zu schaffen. Die wichtigste dieser Beziehungen ist jene zwischen Intellekt und Liebe, zwischen den beiden Prinzipien, welche die Griechen Logos und Eros nannten. Eine rein objektive Bewusstseinshaltung neigt dazu, kalt, steril und inhuman zu sein, und schlimmer noch: sie gibt sich dazu her, individuell oder kollektiv zu selbstgefälligen und destruktiven Zwecken eingesetzt zu werden. Die entsetzlich grausamen Waffen, in den jüngsten Kriegen erfunden und am meisten benutzt, sind das schreckliche Resultat angewandter Kenntnisse ohne die Milde der Liebe, des Erbarmens und des guten Willens. Andererseits haben wir bei der Beschreibung des Typs des Liebenden die verhängnisvollen Folgen blinder Liebe ohne Intelligenz gesehen.

Die wechselseitige Kontrolle und Balance von Intellekt und Liebe und ihr richtiges Zusammenwirken sind deshalb wesentlich, sowohl für ein harmonisches persönliches Leben des Einzelnen als auch für das richtige zwischenmenschliche Verhalten. Dasselbe gilt für das Leben von Gruppen wie z.B. Gemeinden oder Nationen, sowohl innerhalb ihrer eigenen Grenzen als auch im Kontakt mit anderen Gruppen. Der wissenschaftliche Typ muss die Qualitäten integrieren, die beim Kreativen und beim Typ des Liebenden entwickelt sind. Der wissenschaftliche Verstand, in Anspruch genommen von quantifizierendem Messen und objektiven Bezügen, muss die Wertschätzung subjektiver Qualitäten pflegen, das Verständnis für innere Erlebnisse des Menschen und die Leitung durch Intuition und Synthese. Nur diese Kombination liefert eine vollständige, umfassende Erkenntnis und kann uns die Identifikation mit der Wahrheit ermöglichen, die frei macht.

6. Idealistisch-devotionaler Typ

6. Idealistisch-devotionaler Typ

Die spezifische psychologische Qualität des idealistischen Typs und die Hauptquelle seiner verschiedenen, manchmal scheinbar widersprüchlichen Eigenschaften ist die Hingabe an ein Ideal. Um ihn klarer zu erfassen, studieren wir die beiden Aspekte einzeln – das Ideal als solches und die dadurch inspirierte Hingabe.

Das Ideal ist oft konkret und wird durch eine »Persönlichkeit« repräsentiert, die mit grossartigen, bewundernswerten Eigenschaften begabt ist oder zu sein scheint (was subjektiv dasselbe ist). Eine »ideale« Persönlichkeit kann von jeder Art und jedem Kaliber sein. Auf der höchsten Stufe finden wir den Inbegriff des Ideals in Christus und Buddha inkarniert; etwas darunter gibt es die Genies und Helden über die Carlyle so beredt geschrieben hat; dann folgen, auf den darunterliegenden Niveaustufen die Sportgrössen, Filmstars und selbst »grosse« Kriminelle.

Die andere Klasse von Idealen ist unpersönlich. Ihre Essenz ist eine Idee – sei sie gross oder klein, wahr oder falsch –, die von den Gefühlen und Vorstellungen ihrer Bewunderer zu einem dynamisch-lebendigen Ideal entwickelt wurden, das um jeden Preis verwirklicht werden muss. Es kann ein religiöses Ideal sein, wie die Vereinigung mit Gott oder die Bekehrung von »Wilden«; es kann eine der vielen politischen Ideologien sein, für die Menschen so heftig kämpfen und ringen und es kann auch ein intellektuelles Ideal sein wie etwa ein philosophisches oder theologisches Konzept.

Alle diese Ideale, sowohl persönliche als auch unpersönliche (oder deren Kombination, wenn beispielsweise eine Person zum Symbol eines Falls oder einer Ideologie wird), rufen in gewisser Weise eine besondere innere Reaktion hervor und üben eine eigentümliche Faszination aus, die eine hingebungsvolle Haltung mit sich bringt. Solche Hingabe wird oft als Liebe bezeichnet, doch in Wirklichkeit hat sie fraglos eine Färbung und Qualität die sich von Liebe unterscheidet, eine Tatsache, die eine andere Ausdrucksweise bei der Beschreibung erfordert und auch rechtfertigt. Hingabe kann als eine Form von Liebe betrachtet werden, aber sie hat eine spezifisch dynamische und fordernde Qualität. Sie beinhaltet ein »Ausgreifen« nach Ersehntem. Sie setzt ein Gefühl der Bewunderung voraus, das in Verehrung übergehen kann. Hingabe zeigt indessen, abgesehen vom Streben nach Höherem, oft gleichzeitig eine gegenläufige Abwärtsbewegung, die den Impuls enthält, das Ideal zu materialisieren. Ist dieses Ideal eine Person, wird aus der Hingabe an sie die zwingende Notwendigkeit, sich in ihr Ebenbild zu verwandeln, zum Exponenten, zur Stimme oder zur Verkörperung dieses Ideals in der Welt zu werden. So verschrieben sich zum Beispiel im Mittelalter viele spirituell ausgerichtete Menschen mit Mut und Demut der Aufgabe »Christus Ebenbild zu werden«.

Wenn der idealistische Typ einer Theorie oder einem Konzept ergeben ist, hält er es für seine Pflicht, auch andere davon zu überzeugen, sie zu übernehmen. Dieselbe Tendenz, ein Ideal zu bekunden und zu verwirklichen, findet sich bei den Anhängern aller möglichen Systeme, Kulte, »Ismen« und Ideologien. Dieser Zug bringt bei seinen Exponenten ganz bestimmte Merkmale hervor, die je nach dem persönlichen Niveau variieren. Der devotionale Typ hat oftmals eine strenge, asketische Einstellung dem eigenen

Körper gegenüber, die sich bei vielen Mystikern und religiösen Menschen zu einer körperfeindlichen Haltung steigert, da der Körper als Hindernis und Feind für die geistigen Ambitionen angesehen wird. Konsequenterweise wird er auf drastische Weise diszipliniert und kasteit, gelegentlich bis zur völligen Hinopferung. Andere, die in der Theorie den Körper nicht verdammen, zögern aber ebenfalls nicht, sich grosse Entbehrungen aufzuerlegen, wenn es um die Verwirklichung ihrer geliebten Ideale geht.

Wie wir uns vorstellen können, ist der devotionale Typ äusserst gefühlsbetont. Seine Gefühle sind oft leidenschaftlich und extravagant. Er liebt einen Menschen oder ein Ideal bis zur Verehrung und geht mit gleicher Wucht und oft auch Hass gegen alles vor, was sich entgegenstellt. Auf diese Weise neigt er zur Übertreibung und ist dann, wie die Franzosen sagen, »plus royaliste que le roi«. Seine Abneigung und Feindseligkeit brauchen von der Person, deren Sache er zu seiner eigenen gemacht hat, durchaus nicht geteilt zu werden, da diese wahrscheinlich eine ausgeglichenere, gelassenere Haltung hat. Der Übereifer eines Anhängers kann für diese Person sogar gefährlich werden, und es mag für sie schwierig sein, den ungestümen Jünger mit seinen guten Absichten in festen Grenzen zu halten. Wenn die Gefühle des devotionalen Typs auf ein höheres und unpersönliches Ideal gerichtet werden, nehmen sie normalerweise die Form eines glühenden Idealismus und einer mystischen Liebe an, die ihn der Vereinigung mit seinem Ideal entgegentreibt.

Im Mentalbereich neigt dieser Typ dazu, mehr Beschränkungen als gute Eigenschaften an den Tag zu legen, weil seine Intelligenz sehr oft von seinen starken Leidenschaften beherrscht und aktiviert wird. Deshalb ist er nicht selten engstirnig, intolerant und kritiksüchtig. In seinen Ansichten ist er kompromisslos und streng, und wenn er sich einmal eine Meinung oder Theorie zu eigen gemacht hat, ist es sehr schwierig, seine Ansichten wieder zu ändern. Wenn er sich aber doch einmal anders besinnt und seine Meinungen und Haltungen ändert, so fällt er ins gegenteilige Extrem. Sollte sein Idol seine überhöhten Erwartungen nicht erfüllen und seine Lieblingstheorie auf schroffe Art zurückweisen, ändert er seine Ansichten total. Dann reisst er sein Idol vom Sockel herunter, auf den er es gestellt hatte und schlägt es in Stücke, um sodann den entgegengesetzten Standpunkt mit derselben Leidenschaft und Strenge zu vertreten. So kann er sich von orthodoxer Religiosität zu völligem Atheismus oder von dogmatischem Materialismus zu inbrünstigem Spiritualismus verwandeln. Doch zeigt der devotionale Typ bei all seinen Übertreibungen und trotz all seiner Begrenzungen stets eine bewundernswerte Aufrichtigkeit. Weder selbstsüchtige Erwägungen noch irgendwelche Gefahren können ihn dazu bringen, mit sich selber oder anderen Kompromisse einzugehen oder brav den Mund zu halten. Er ist immer ein tapferer »Verfechter der Wahrheit« oder Verteidiger dessen, was er für seine – meistens subjektive – Wahrheit hält.

Die Persönlichkeit des idealistisch-devotionalen Typs ist oft einseitig, er ist schwierig im Umgang. Es mangelt ihm im allgemeinen am Sinn für Proportionen und Humor; er hat eine Tendenz zum Utopischen oder Manischen. Bei seinen Versuchen, andern seine Meinung nahezubringen, ist er oft zudringlich und übereifrig, was zeitweise bis an die Grenze von Gewalttätigkeit und Grausamkeit gehen kann. Ein schreckliches Beispiel für dieses Extrem ist das der Inquisitoren, die Ketzer folterten und verbrannten mit dem Ziel, ihre Seelen zu retten.

Einige der geistig entwickelten Vertreter dieses Typs sind sehr intuitiv, etwa jene, die den Weg reiner Mystik gehen und schon einen gewissen Grad von Harmonie mit dem Höheren Selbst erreicht haben mit den konsequenterweise daraus folgenden Bewusstseinserweiterungen und einer intuitiven Wahrnehmung der Wirklichkeit.

Auf seiner höchsten Stufe sind die guten Seiten dieses Typs ebenso bemerkenswert wie die Begrenztheiten seiner weniger entwickelten Vertreter. Neben der Aufrichtigkeit finden wir unter anderem Loyalität, Treue, Selbstaufopferung, Ausdauer und Furchtlosigkeit. Viele grosse Heilige, Apostel, Märtyrer und religiöse Helden sind hochentwickelte Beispiele dieses Typs.

Es ist hilfreich, noch auf ein anderes kennzeichnendes Unterscheidungsmerkmal und eine weitere Qualifikation hinzuweisen. Bei einigen der betrachteten psychologischen Typen können wir einen aktiven und einen passiven Untertyp unterscheiden, und das gilt besonders für den idealistisch-devotionalen Typ. Es gibt einen klar umrissenen Untertyp, der eine generell passive Haltung mit einer deutlich weiblichen Psychologie und Charakteristik zeigt. Klar zeigt sich dies bei jenen orthodoxen Mystikern, die ihre Liebe zu Gott fühlten und sie als mystische Vermählung der Seele mit Christus ausdrückten. Dieselbe Haltung legen viele hingebungsvolle Anhänger an den Tag, die sich um eine dominierende Persönlichkeit scharen.

Der aktive Untertyp zeigt ein völlig anderes Bild. Er führt uns die Fehler wie die Vorzüge männlicher Streitlust und Kampfbereitschaft vor Augen; er war der Ritter der Vergangenheit, stets bereit, für eine gerechte Sache zu kämpfen.

Es ist nicht nötig typische Beispiele historischer Persönlichkeiten zu nennen, denn der Typ ist leicht erkennbar, doch mag es von Interesse sein, zwei bedeutsame Vertreter kurz zu betrachten. Der eine ist Paulus von Tarsus. Die völlige Umkehrung seines Fühlens und Handelns infolge seiner Bekehrung, seine glühende Hingabe an Christus, sein militanter apostolischer Eifer, sein unerschütterlicher Mut, seine tiefe Aufrichtigkeit, die zuweilen zu Intoleranz wurde und seine intensiv strenge Art, sind samt und sonders Kennzeichen des hier besprochenen Typs.

Das zweite Beispiel ist keine geschichtliche Persönlichkeit sondern eine literarische Figur. Wenn ein dichterisches Genie einen Charaktertyp ins Leben ruft, so ist dieser in dem Sinn wahrer und wirklicher als ein historisches Individuum, weil er das wesentliche der Synthese vieler Beispiele aus dem wirklichen Leben offenbart. Dies ist der Fall bei »Don Quichote«. Cervantes faszinierende Dichtung mit ihrem Anflug von Humor und Pathos macht es uns möglich, für diesen Typ Verständnis, ja Sympathie aufzubringen, sie ist zugleich eine getreue Beschreibung des Idealisten »par excellence«.

Es gibt zwei Religionen, in denen der devotionale Typ in all seinen vielen Aspekten und auf all seinen Ebenen vollkommenen Ausdruck fand: das Christentum und der Islam. Jahrhunderte hindurch haben sich diese beiden Religionen blutig befehdet, besonders zur Zeit der Kreuzzüge und in Spanien – eine Tatsache, die ihre Ähnlichkeit bestätigt und das Gesetz beweist, dass gleichartige Pole sich abstossen, sogar im Bereich der Psychologie.

In der Architektur ist der gotische Stil ein Ausdruck des Strebens der menschlichen Seele hin zu Gott. Seine schlank emporstrebenden Kirchtürme scheinen wahrhaftig steingewordene Gebetsströme und Lobeshymnen zu sein. In der Malerei stellen die ekstatischen Heiligen und feierlichen Engel von Fra Angelico eine – wenn auch sehr unterschiedliche – Erscheinungsform derselben Qualität dar.

Der idealistisch-devotionale Typ trägt kraftvoll zur geistigen Entwicklung und zum spirituellen Fortschritt der Menschheit bei. Seine wesentliche Funktion ist es, innere Erlebnisse durch glühenden Idealismus in die Höhen des Bewusstseins zu heben, wo die Schönheit grosser transpersonaler Prinzipien erschaubar wird, um sodann diese Prinzipien mit ganzer Liebe, Verehrung und Begeisterung zu erfüllen und sie zu lebensvollen Idealen werden zu lassen, um schlussendlich dieses Ideal um jeden Preis zu halten, alles dafür zu opfern, dafür zu leben und sogar dafür zu sterben.

In seiner sozialen Umwelt ist der idealistische Typ normalerweise ein störendes Element, kann aber auch als Sauerteig wirken. Er übt die nützliche Funktion aus, Einzelne wie Gemeinschaften in Bewegung zu versetzen und zu neuen Taten zu beflügeln, wenn sie schläfrig und selbstgefällig geworden sind; ihr Verantwortungs- und Pflichtgefühl zu wecken, sie anzuleiten und an der Arbeit zu halten. Dennoch ist dieser Typ, besonders der aktive Untertyp, sehr individualistisch, zumal auf der persönlichen Ebene. Wenn er sich mit einer Gruppe identifiziert oder in einer solchen – sei es eine Religionsgemeinschaft, Partei oder Nation – aufgeht, so tendiert sein Einfluss in der Gruppe dazu, deren Abgrenzung und Exklusivität zu steigern.

Die Beschäftigungen, in denen dieser Typ sich für gewöhnlich zum Ausdruck bringt, fallen in zwei Untergruppen, gemäss den schon besprochenen Untertypen. Wir finden den introvertierten oder eher »femininen« Untertyp im klösterlichen Leben, entweder in Konventen oder Klöstern, wo er sich der Kontemplation und mystischen Versenkung hingeben kann. Den aktiven Untertyp finden wir unter Pristern, Rednern und den aggressiven Pionieren und Anführern in allen möglichen Bereichen menschlicher Tätigkeit.

Es sind besondere Aufgaben der Psychosynthese, denen sich der idealistisch-devotionale Typ stellen muss, doch ist es meist sehr schwer für ihn, sie sowohl zu verstehen als auch in die Tat umzusetzen. Der eine Grund dafür ist, dass sich der idealistische Typ als psychisch integriert zeigt, was er in einem gewissen Sinne auch ist. Er zeigt keine Widersprüche, Konflikte oder sonstigen inneren Komplikationen; Denken, Fühlen und Handeln sind bei ihm koordiniert und auf ein einziges Ziel ausgerichtet.

Der zweite Grund ist, dass sowohl seine Methoden als auch seine Beweggründe oft einwandfrei zu sein scheinen; aufrichtig ist er jemandem oder einer Sache ergeben und versucht ehrlich sein Ideal unter grosser Selbstverleugnung zu verwirklichen. So glaubt er felsenfest daran, dass er recht hat und sieht infolgedessen keine Notwendigkeit, anzuhalten und an sich selbst zu arbeiten. Er widmet sich im Gegenteil völlig dem Vorhaben, äussere Zustände zu verändern und andere Leute zu verbessern.

Trotz all ihrer Qualitäten sind die idealistischen Typen oft eine Quelle des Ärgers und die Ergebnisse ihrer Bemühungen zeigen häufig, dass sie letztendlich zerstörend, zumindest ungeeignet, unstimmig und daher nutzlos waren. Der Grund dafür ist, dass ihre Synthesefähigkeit beschränkt, unvollständig und disproportioniert ist; einige der vitalen und notwendigen Aspekte der menschlichen Natur bleiben unberücksichtigt, es mangelt an innerer Weite und wirklichem Erfassen des Ganzen. Eines ist beispielsweise für sie schwer zu verstehen und wird von ihnen meistens mit Empörung bestritten, dass ihre Hingabe dazu tendiert, bar jeder wahren Liebe zu sein. Eine genaue Analyse enthüllt, dass das, was sie »lieben« oft ihre subjektive Vorstellung des Ideals ist – sei es eine Person, eine Idee oder eine Art philantropischer Tätigkeit – so wie sie sich in ihrem Denken spiegelt und nicht wie sie der Realität entspricht. Das erweist sich durch ihre innere Reaktion und ihr Verhalten in bestimmten Situationen – beispielsweise dann, wenn der Mensch den sie verehren, ihre Erwartungen nicht befriedigt oder wenn sie in ihrem Ideal Lücken und Mängel entdecken.

Darin liegt ein deutlicher Unterschied zum Liebestyp, und das bietet uns die Möglichkeit, die beiden klar voneinander abzugrenzen, trotz ihrer oberflächlichen Ähnlichkeiten. Wenn der Typ des Liebenden entdeckt, dass die Person, die er liebt, bisher unerwartete Fehler aufweist oder sich schlecht benimmt, so mag ihn diese Erkenntnis wohl betrüben, doch er reagiert nicht gegen die Person. Er neigt vielmehr dazu, sie zu entschuldigen und zu verteidigen und geht sogleich dazu über, sie noch intensiver als vorher zu lieben. Der devotionale Typ reagiert in einer vergleichbaren Situation befremdet bis empört. Er fühlt sich persönlich beleidigt und ist nicht zu Vergebung oder Hilfe bereit, wenn die idealisierte Person nicht aufs I-Tüpfelchen seinen Erwartungen entspricht, die oft unvernünftig und unerfüllbar sind. Instinktiv wendet er sich gegen die Ursache seiner Desillusionierung. (Manchmal finden wir eine gemischte Einstellung und Reaktion bei ein und demselben Menschen. Das kommt daher, dass es Mischtypen gibt; eine

Kombination des devotionalen mit dem Liebestyp ist glücklicherweise nicht selten.)

Aus alldem wird klar, was der idealistisch-devotionale Typ zu tun hätte, um Harmonie und wahre Synthese zu erreichen und seine grossen Stärken und Qualitäten für gute Zwecke einsetzen zu können. Seine erste Aufgabe ist, seine Hingabe in wahre Liebe zu verwandeln oder sie zumindest mit Liebe und Weisheit zu durchdringen, so dass er von seinen »Scheuklappen« und seiner übertriebenen Streitbarkeit befreit ist. Des weiteren sollte er unpersönlicher und objektiver werden, um die Wahrheit annehmen zu können, dass es viele Ideale von innerem Wert gibt. Er muss eine Sichtweise entwickeln, die ihn alles einbeziehen und in den richtigen Proportionen erfassen lässt: ein Weltbild, das stufenweise an die Stelle seiner Vorstellungen und Konzepte eines einzigen Lieblingsideals treten kann. Das erfordert eine stufenweise geistige Öffnung, durch die er ein gewisses Mass an echtem Forschergeist und teilweise eine umfassende Liebe entwickelt und die Fähigkeit, das »Körnchen Wahrheit« in all den vielen verschiedenen und gegensätzlichen Gesichtspunkten aufzuspüren – als Grundlage wirklicher Weisheit. So eine Ausweitung schliesst die Entwicklung von Toleranz und intellektueller Bescheidenheit ein – beides im Vergleich mit andern als auch gegenüber dem gewaltigen universalen Mysterium, von dem selbst die originellsten und begabtesten Denker nur ein winziges Stückchen zu erhaschen vermögen.

Der idealistisch-devotionale Typ kann noch einen weiteren Weg für seine Entwicklung und Erweiterung wählen: seine Begierden und Ambitionen zu vergeistigen und sie höheren Zielen, Idealen und Werten zu weihen. Dieser Richtung kann er – im Vergleich zu den zuvor erwähnten – relativ leicht folgen, weil sie in einem gewissen Sinn für ihn den Weg des geringsten Widerstands darstellt; das ist mit anderen Worten der natürliche und spontane Weg des inneren Wachstums, sein spezifischer Aufstieg zum Höheren Selbst.

7. Organisationstyp

7. Organisationstyp

Dieser Typ ist besonders interessant, weil die Anzahl seiner Repräsentanten rapide ansteigt und weil sie in zunehmendem Masse der zeitgenössischen Kultur ihren Stempel aufdrücken.

Verallgemeinernd können wir sagen, dass die grossen Veränderungen, die jetzt im Leben der Menschen stattfinden und die schwerwiegenden Krisen, die die Menschheit betrafen hauptsächlich auf die schwindenden Ideale zurückzuführen sind, die in der Vergangenheit üblicherweise die Gefolgschaft der Mehrheit weckten und an sich banden. Dazu kommt aber noch das Erscheinen von Menschen in vielen Tätigkeitsbereichen, die zum Typ des Organisators gehören und völlig unterschiedliche Gesichtspunkte und Überzeugungen darüber vertreten, was der Sinn des Lebens ist und wie es gelebt werden sollte.

Der Organisationstyp drückt sich vor allem durch seine Unternehmungen aus und ist ein gründlicher, objektiver Typ. Deshalb können wir sein Wesen und seine besonderen Fähigkeiten am besten verstehen, wenn wir die Art und Weise seines Handelns beobachten und nicht nur durch die Analyse seines Innenlebens. Sein vorherrschendes Merkmal kann als »die geordnete Aktivität der Gruppe« oder als »objektive Manifestation durch organisierte Tätigkeit« ausgedrückt werden. Seine Charakteristika sind klar und leicht zu verstehen, obwohl wir sie genau analysieren müssen, um sie von vergleichbaren Qualitäten der anderen Typen unterscheiden zu können.

Man könnte sagen, dass der organisatorische Typ mit seinen Absichten und dem Brennpunkt seines konkreten Interesses nur auf die mentale und physische Ebene zielt und deshalb zum Denk-Empfindungstyp in Jungscher Klassifikation gehört. Seine gedankliche Aktivität richtet sich auf die Planung von Vorhaben, genau bis ins Detail und im Erdenken sowie Entwerfen präziser, sorgfältig ausgearbeiteter Modelle, die er in die Tat umsetzen will. Auf der physischen Ebene erzielt er seine grösste Wirkung dadurch, indem er die Kooperation und die Arbeit in einer Gruppe zur Erreichung der gewünschten Ziele organisiert und das dafür passende Material sammelt und bereitstellt.

Wenn er optimal ausgerüstet ist, zeigt der Organisationstyp Zielgerichtetheit und Willensstärke, einen klaren Verstand, die Fähigkeit zu konstruktivem Handeln und praktisches Geschick. Diese Qualitäten lassen ihn anderen Typen vergleichbar erscheinen. Er könnte mit ihnen verwechselt werden, oder scheint eine Mischung von ihnen ohne ausgeprägte,eigene Charakteristika zu sein. Sein Wille ähnelt dem des Willenstyps, sein klarer Verstand dem des Wissenschaftstyps, seine konstruktive Aktivität der des praktischen Typs – und doch unterscheidet er sich von ihnen allen. Der Willenstyp ist im Wesentlichen daran interessiert, seine Macht zu erweitern und zu zeigen, oder kraftvoll und unbeugsam sich selbst und andere in Richtung auf ein geschätztes Ziel zu lenken. Der Organisationstyp indessen setzt seinen Willen präzise, langsam und beharrlich ein, um seinen Plan oder den eines anderen nach und nach zu realisieren. Mit dem Wissenschaftstyp hat er einen klaren, exakten Verstand gemeinsam, aber er nutzt ihn mit der Absicht etwas zu tun, greifbare Ergebnisse zu erreichen, während der erstere ihn hauptsächlich mit dem Ziel des Entdeckens und Erkennens einsetzt.

Er ist in einem gewissen Sinn ein kreativer Typ, weil durch seine Aktivitäten neue Elemente entstehen, aber seine Arbeitsmethode unterscheidet sich völlig von der des kreativ-künstlerischen Typs. Der Unterschied kann in zwei Worten erfasst werden: kreieren und konstruieren. Wahres kreatives Schaffen ist ein vitaler und mysteriöser Prozess, der ausserhalb des gewöhnlichen Bereichs des Bewusstseins seinen Anfang nimmt. Konstruieren dagegen erfordert bewusst zusammengetragenes Material, das normalerweise der sogenannten anorganischen Materie angehört und dessen Zusammenstellen zu einer gegenständlichen Struktur. Der kreative Typ ist allgemein ein Kanal oder eine Stimme für sein Überbewusstsein, ein Empfänger der Inspiration aus dem Reich der Intuition oder der Imagination, während der organisatorische Typ seine Aktivitäten mit klarer Bewusstheit und Überlegung ins Leben ruft und sie methodisch bis zum Abschluss durchsetzt.

Der aktiv-praktische Typ ist formbar, anpassungsfähig und sogar ein wenig unredlich und zudringlich; der organisatorische Typ neigt dagegen dazu, unbeugsam und formalistisch zu sein. Der erstere tendiert dazu, unabhängig zu sein und allein zu arbeiten; der letztere bevorzugt es, mit anderen oder durch sie zu arbeiten, indem er ihnen Aufgaben zuweist. Der aktive Typ ist ausschliesslich an Ergebnissen und dem Erfolg interessiert und benutzt sofort jede beliebige Methode, die effektiv zu sein scheint. Der organisatorische Typ tendiert stattdessen dazu, allem voran an der Organisation in ihrem Eigenwert interessiert zu sein, was in seinen Augen so wichtig werden kann, dass er darüber sein angestrebtes Ziel fast vergisst. Der aktive Typ arbeitet in einer aktiven, aggressiven, oft ungeregelten Art und Weise; der organisatorische Typ arbeitet ruhig im Zentrum, registriert und koordiniert die Ergebnisse der laufenden Aktivitäten und plant die zukünftigen.

Ein anderer Weg, die unterschiedlichen Haltungen der verschiedenen Typen zu betrachten ist die Beobachtung ihrer Reaktionen, wenn sie mit Faktoren wie dem Recht konfrontiert werden. Der Willenstyp liebt das Recht und ist immer bereit, diejenigen zu bestrafen, die es übertreten. Der wissenschaftliche Typ ist lediglich daran interessiert, die vorhandenen Naturgesetze zu entdecken. Der organisatorische Typ ist daran interessiert, Gesetze mit spitzfindiger Genauigkeit zu formulieren oder sie sorgfältig zum Erreichen seiner Ziele einzusetzen. Der aktive Typ versucht, den grösstmöglichen Nutzen aus den Gesetzen zu ziehen oder ihnen geschickt aus dem Wege zu gehen. Der kreative Typ nimmt für sich stets Ausnahmen der Regeln in Anspruch, während er unbewusst seine schöpferischen Aktivitäten gemäss unbekannter Regeln fortsetzt, die auch er nicht völlig versteht.

Wenn wir versuchen, die dominante Qualität genauer zu definieren, mit deren Hilfe der organisatorische Typ erfolgreich seine Absichten in die Tat umsetzt, finden wir heraus, dass es sich dabei um Disziplin handelt. Dies ist nicht nur eine äussere, sondern eine innere Disziplin, durch die ein unkoordiniertes Individuum, hin- und hergerissen von seinen irrationalen, widersprüchlichen Impulsen, seine Zeit und seine Energie vergeudend in der Verfolgung zu vieler unzusammenhängender Interessen, allmählich eine integrierte Persönlichkeit wird. Eine solche Integration beinhaltet, dass alle psychischen Funktionen harmonisch ablaufen und durch eine zentrale, leitende Kraft zu klar definierten Zielen gesteuert werden.

Disziplin ist nicht nur ein Charakteristikum des organisatorischen Typs; der Willenstyp und der idealistische Typ setzen sie oft sogar noch energischer ein. Bei ihnen nimmt die Disziplin allerdings eine unterschiedliche Färbung bzw. einen anderen Charakter an. Die Disziplin des Willenstyps ist hart, unerbittlich und sogar grausam, sei es, wenn er sie sich selbst abverlangt oder wenn er sie anderen auferlegt; seine einzige Absicht ist es, das gewollte Ziel mit der grösstmöglichen Geschwindigkeit, Kompetenz und um jeden Preis zu erreichen.

Die Anforderung an Disziplin, die der idealistische Typ sich und anderen abverlangt, kann genauso streng und hart sein, aber sie hat einen asketischen Zweck und Sinn. Sein Ziel ist es, tatsächliche oder eingebildete Fehler oder »Sünden« zu eliminieren und die Persönlichkeit zu reinigen, um sie vermutlich akzeptabler und der Liebe Gottes würdiger zurückzugeben; mit einem Satz: ihre Seele zu retten. Die Disziplin des organisatorischen Typs ist – verglichen mit den anderen – im allgemeinen gemässigter und anständiger. Sein Ziel ist es, Verlust und Verschwendung von Zeit, Energie und Material zu eliminieren, Reibungen zu vermeiden und schliesslich eine produktivere Zusammenarbeit durchzusetzen.

Aus dem was bisher gesagt wurde ist klar ersichtlich, dass Disziplin in der Tat das zentrale Charakteristikum und die besondere Qualität ist, mit der der organisatorische Typ operiert und mit deren Hilfe er seine Ziele erreicht – während beim Willenstyp und dem idealistischen Typ Disziplin eine Fähigkeit unter anderen ist. Beim Organisationstyp scheint seine ganze Organisation und Ordnung sowohl das Ergebnis äusserer wie innerer Disziplin zu sein. Wenn der Organismus oder die Organisation erwachsen geworden sind und reibungslos funktionieren, hört diese Disziplin auf von aussen eingeübt zu werden; es ist kein sichtbarer Druck zur Verstärkung mehr festzustellen – aber Disziplin ist vorhanden: innerlich, in Form von Tradition, Gewohnheit oder Brauch. Dies wird durch die Tatsache demonstriert, dass Organisationen in ihre Einzelteile zerfallen, bis ein neuer Zufluss von Disziplin und Ordnung sie rettet, wenn Traditionen zu Ende gehen oder wenn ein neuer Faktor oder eine neue Situation einen Wechsel der Gewohnheiten erzwingt.

Die Begrenzungen des Organisationstyps – wenn er unentwickelt ist und einen begrenzten Gesichtskreis hat – liegen in der grossen Wichtigkeit gegenüber Formalitäten, was wiederum zu Pedanterie und Übergenauigkeit führen kann. Er neigt dazu, völlig von seinen Gewohnheiten regiert zu werden, denen er mit selbstgefälliger Hartnäckigkeit folgt, da er oft stolz und seiner selbst zu sicher ist. Deshalb tendiert er zu gefühlsmässiger Dürre und lässt in seinen Beziehungen zu anderen oft Takt vermissen. Seine Überschätzung von Zeremonie und Form macht ihn – was die Religion betrifft – streng und bigott. Aber im Gegensatz zum devotionalen Typ zeigt er weder Fanatismus noch missionarischen Eifer.

Wir können die äusserlichen und sichtbaren Zeichen der formalistischen Tendenzen dieses Typs in den pompösen Riten der grossen Kirchen des Ostens und des Westens erkennen, in den Freimaurersymbolen und – ritualen und in den extrem verfeinerten und vollendeten Zeremonien der Chinesen und – in einem bestimmten Mass – der Japaner.

Ein deutliches Beispiel eines Rituals dieser Art ist die japanische Teezeremonie, besonders bei den Zen-Buddhisten. (Eine sehr gute Beschreibung dieses Rituals ist in D.T.Suzukis Buch »Zen und Japanische Kultur« enthalten.)

Dieselbe Qualität war in den raffinierten und manchmal schon lächerlichen Zeremonien des Königshofs zu Versailles gegenwärtig, bei denen es der Adel als grosse Ehre ansah, anwesend zu sein und kleine Dienste anzubieten, wenn der König erwachte und seine »Toilette« machte.

In der Gegenwart – in der augenblicklichen Periode des Übergangs zu einer neuen und anderen Art der Zivilisation – nimmt dieselbe Qualität eine völlig verschiedene Form an, und scheint (auf den ersten Blick) wenig mit der vorherigen gemeinsam zu haben. Ihre Manifestationen zeigen sich in der Reglementierung des individuellen und kollektiven Lebens und in der schnell wachsenden Tendenz zur Standardisierung in Industrie, Handel und anderen Bereichen sozialen Lebens. Es gibt Fälle, in denen eine wirklich eigenartige Qualität in unterschiedlichen Zeiten, an verschiedenen Orten und unter anderen Umständen so andersartige Ausdrucksformen findet, dass diese miteinander keinerlei Verbindung zu haben scheinen; obwohl eine tieferreichende Analyse beweist, dass sie alle der gleichen Quelle entspringen.

Es ist durchaus von Wert, die modernen und zeitgenössischen Formen des organisatorischen Typs zu erkennen, denn es hilft uns, ihre Bedeutung und Zielsetzungen weit besser zu verstehen und auf diese Weise zu vermeiden, uns deswegen Sorgen zu machen oder sie negativ zu sehen, wie es so viele heute tun. Zwei Arten von Menschen sind besonders geneigt, diese Haltung anzunehmen; die ersteren schliessen die Mehrheit der Mittelklasse und der Alten ein, die es schwierig finden, sich an eine schnell wandelnde Welt anzupassen. Sie neigen zu aktivem oder passivem Widerstand gegenüber dem Fortschritt und reden immer mit nostalgischem Bedauern über die guten alten Zeiten. Sie denken, dass das Leben damals leichter war, dass die Menschen noch rücksichtsvoller und respektvoller und geistige und materielle Werte noch stabil und sicher waren. Während wir mit ihnen bis zu einem gewissen Grad sympathisieren – vor allem, wenn sie wirkliche Schwierigkeiten haben – sollten wir unter keinen Umständen zulassen, dass wir von ihren fruchtlosen Klagen und negativen Anschauungen überwältigt werden.

Die andere (leichter abgrenzbare) Art von Menschen setzt sich aus idealistischen Typen zusammen, die generell eine Protesthaltung und sogar eine Position des offenen Kampfes gegenüber der wachsenden Tendenz zu Massenorganisationen einnehmen. Dies tun sie ebenso aufgrund ihrer Fähigkeit als auch ihrer Begrenzung: widerspenstig an den Idealen festzuhalten, die ihnen lieb und teuer sind. Diese Ideale werden natürlich mittels Formen ausgedrückt, die sie selbst oder andere ihrer Art festgelegt haben; sie sind unfähig, denselben Geist in einer anderen Form zu erkennen und verstehen nicht, dass eine andere Strasse zu demselben Ziel führen kann. Diese Schwierigkeit wird noch durch die Tatsache gesteigert, dass die weiter entwickelten Vertreter des idealistischen Typs dazu neigen, extrem individualistisch zu sein. Dadurch befinden sie sich in direkter Opposition zu der Bewegung, die in Richtung auf organisierte Kooperation zielt.

Die Situation wird durch den Umstand erschwert, dass die ersten Anstrengungen eines neuen Zivilisationstyps, einer neuen Kultur oder Bewegung, neue Formen zu kreieren, unvermeidlicherweise ungeschliffen, ungeschickt oder geradezu barbarisch ausfallen. In der technischen Welt ist dies offensichtlich, man denke nur an die ersten Autos oder wie die ersten Grammophone getönt haben. Das gleiche gilt auch für alle anderen Bereiche menschlicher Aktivitäten. Es ist ungerecht, vergangene Epochen mit der heutigen zu vergleichen, die damals noch unbeholfenen Manifestationen und ersten blinden Versuche mit den ungeduldigen Uebertreibungen einer völlig neuen Lebensweise.

Eines der schwierigsten Probleme, das sogar als das zentrale Problem der Zukunft der Menschheit betrachtet werden kann, ist der harmonische Ausgleich zwischen den folgenden Bestrebungen: der Freiheit und Verantwortlichkeit des Individuums, insbesondere beim Ausdruck seiner Ideen und Ideale und der wachsenden Tendenz das Individuum in Gruppen zu integrieren, deren Dimensionen sich stetig ausweiten. Die gegenseitige Abhängigkeit von allem mit allem – nicht nur im lokalen, provinziellen oder nationalen, sondern im kontinentalen und weltweiten Massstab – erweitert den Aktionsradius und den Einfluss jedes einzelnen Individuums auf unermessliche Art und Weise. Andererseits bürden uns diese neuen Dimensionen notwendigerweise wachsende Begrenzungen und Einschränkungen auf. Wahrscheinlich wird es etliche mehr oder weniger heftige Pendelbewegungen zwischen dem Individualismus und der gruppenzentrierten Organisation geben, bis eine Lösung gefunden sein wird und bevor – genauer gesagt – irgendein Kompromiss allgemein akzeptiert und befolgt wird.

Die persönlichen Qualitäten des organisatorischen Typs sind neben dem Hang zum Ordnen: Aufmerksamkeit für

Details, Genauigkeit, Geduld, Beharrlichkeit, Höflichkeit und auf der mentalen Ebene ein klares Denken und Objektivität.

Die Beschäftigungen, die für diesen Typ in Frage kommen, umfassen einen sehr breiten Einsatzbereich und eine geradezu phantastische Vielfalt. Sie schliessen den höchsten Priester, der eine prachtvolle religiöse Prozession anführt ebenso ein wie die Krankenschwester, die in regelmässigen Abständen einem Patienten den Puls fühlt, die Temperatur misst, die Werte sorgfältig in ein Kontrollblatt einträgt und die Anordnungen des Arztes für ihn überwacht. Dazu gehört auch der aufrichtig an den kniffligen Fragen des Präzedenzrechts interessierte Gerichtskämmerer und der harte Sporttrainer, der dem Team ein regelmässiges Übungsprogramm auferlegt. Da ist der energische Kommandeur einer Armee, der es mit seiner Organisationsfähigkeit ermöglicht, dass die Soldaten an der vordersten Front frisches Brot und heissen Kaffee zur Verfügung haben und der gebildete Sprachwissenschaftler, der geduldig versucht, dem lebendigen Körper einer Sprache das Korsett einer künstlichen, grammatikalischen Regelstruktur anzupassen und dabei ein grosse Anzahl von Ausnahmen akzeptieren muss.

Dann ist da der Archivar, der beabsichtigt, die fieberhaften Aktivitäten seiner Gesellschaft in endlosen vielfarbigen Aktenordnern übersichtlich und präzise zu dokumentieren sowie der Erfinder der Regeln eines neuen Kartenspiels – und viele andere.

Ein tieferes Verständnis dieses Typs und seines unschätzbaren Beitrags zum Fortschritt der Menschheit während der Jahrhunderte und insbesondere in der Gegenwart, kann man durch das Wissen um seine hauptsächliche Funktion erzielen. Wir können sie als » das Durchsetzen richtiger Beziehungen« bezeichnen. Diese Bezeichnung hat eine tiefere Bedeutung und eine umfassendere Tragweite, als es auf den ersten Blick erscheinen mag. Richtige Beziehungen unter Objekten oder lebenden Geschöpfen durchzusetzen, die bisher in keinerlei Beziehung zueinander standen oder in unbefriedigenden oder unstimmigen Beziehungen, ist zugleich die Grundlage und die Konsequenz jedes Syntheseprozesses. So eine Funktion der Regulierung und Koordinierung kann in allen Fällen des Lebens, sowohl des menschlichen als auch des nicht-menschlichen gefunden werden. Sie scheint einer der grundlegenden Prozesse des Universums zu sein. Bei der Betrachtung der Aspekte, die uns näherliegen und wichtiger für uns sind, können wir feststellen, dass das Durchsetzen richtiger Beziehungen in zwei Hauptrichtungen zu wirken scheint:

1. Horizontal durch die harmonische Koordination einer wachsenden Anzahl von Einheiten, die sich mehr oder weniger gleichen und auf derselben Ebene der Existenz wirken. Dies schliesst alle Probleme der Wechselbeziehungen und sozialen Kooperation unter Menschen und Gruppen von Menschen ein.

2. Vertikal durch die harmonische wechselseitige Einwirkung zwischen Teilen und Kräften, die auf unterschiedlichen Ebenen wirken wie beispielsweise der Körper, die Gefühlsnatur, der Verstand und das transpersonale Selbst.

Es gibt aber noch eine dritte Richtung, in welcher richtige Beziehungen hergestellt werden sollten – in der Dimension der Zeit. Der zeitliche Wechsel zwischen Aktivität und Passivität, Spannung und Entspannung und die richtige Reihenfolge der verschiedenen Tätigkeiten, die auf ein Ziel gerichtet sind, sind wesentlich für das Leben von Organismen, für das Leben eines jeden Menschen und jeder Art menschlicher Organisation. Dieser »vitale Rhythmus«, wie er treffend genannt wird, erfordert ein tiefgründiges Verständnis der Zeit, der Natur und der Funktionen von Zyklen.

Die Unterscheidung zwischen den unterschiedlichen Ebenen oder Richtungen von Beziehungen sollte nicht als absolut betrachtet werden. In der Realität des Lebens erfordert erfolgreiche Anpassung richtige Beziehungen in verschiedenen Richtungen, aber oft gewinnt eine die Oberhand. Dies wird klar werden, wenn wir es auf die Psychosynthese anwenden. Die Psychosynthese eines Menschen ist zuallererst eine persönliche Notwendigkeit und die Grundlage für alle seine sozialen Kontakte. Ein Mensch, der innerlich gespalten ist, trägt seine inneren Konflikte und unzureichende Anpassungsfähigkeit in alle Beziehungen mit anderen hinein.

Das isolierte Individuum ist nur eine Abstraktion. Vom Beginn des Lebens an hat jeder vitale Beziehungen mit anderen. Deshalb muss sich jeder Mensch in der Praxis ununterbrochen in den Beziehungen zu anderen mit seinen inneren Problemen befassen. Üblicherweise geschieht das unbewusst, blind und in einer undisziplinierten Art und Weise, mit all den verheerenden Konsequenzen des Unglücklichseins und der Spaltung im Familienleben, der Konflikte zwischen den sozialen Klassen und der Kriege zwischen Nationen.

Einer der wissenschaftlichen Aspekte der richtigen Beziehungen ist der wechselseitige Einfluss zwischen dem

Selbst, der Psyche (verstanden als der Gesamtheit aller subjektiven Prozesse) und dem Körper. Dies beinhaltet unterschiedliche Aspekte der Psychologie, das Studium der Probleme, die mit dem psychologischen Ursprung von Erkrankungen zusammenhängen und der Praxis der Psychotherapie. Alle diese Funktionen sollten nicht so gesehen werden, als gehörten sie ausschliesslich zum organisatorischen Typ, aber er hat sicherlich eine angeborene Fähigkeit und breite Möglichkeiten, sie in all den erwähnten Bereichen zu leisten.

Die psychosynthetischen Aufgaben des organisatorischen Typs sind sehr klar. Um die Gefahr zu vermeiden, sich zu sehr mit den formalen Aspekten all seiner Aktivitäten zu identifizieren und dadurch zu ihrem Gefangenen zu werden, sollte er fortwährend versuchen, sich der vitalen Aspekte bewusst zu bleiben. Er sollte sich vorrangig an das Ziel seiner organisierten Tätigkeit erinnern. Die Organisation sollte immer so gelenkt werden, dass sie dem Zweck dient. In anderen Worten, der organisatorische Typ sollte sich immer klar des Unterschieds bewusst sein zwischen einem lebenden Organismus und einer toten Organisation, die nur noch sich selbst zum Ziel hat.

Um die Folgen seiner Neigung zu neutralisieren, zu praktisch und objektiv zu sein und konkrete und sichtbare Resultate überzubetonen – die dann sublimiert werden müssen – sollte er die Qualitäten des Liebes- und des idealistischen Typs wirksam kultivieren. Er sollte so handeln, dass sein Motiv immer liebevoller Dienst und das wahre Wohl aller Menschen ist. Seine Methoden sollten frei sein von übertriebener Dienstfertigkeit und Starrheit. Sein Ideal der Koordination und Synthese, das er in der Aussenwelt in ausgedehntem Masse zur Schau zu stellen geneigt ist, sollte er zuallererst auf sich selbst anwenden um seine eigene Psychosynthese zu vollenden, sei es auf der persönlichen oder transpersonalen Ebene. Wenn er das tut, kann seine Organisationsfähigkeit eine grosse Hilfe sein und er kann sein Ziel mit grösserer Leichtigkeit erreichen als die Vertreter der anderen Typen. Gleichzeitig wird er sehr nützliche Lektionen lernen, die er dann mit grossem Nutzen in seiner Arbeit einsetzen kann. Tatsächlich kann er fortlaufend interessante Analogien zwischen diesen beiden Bereichen entdecken.

Eine der Aufgaben des Organisationstyps ist es, den Wert und das Ziel seiner Qualitäten zu verstehen. Dies kann ihm vermeiden helfen, sie in sinnloser oder zu nüchterner Art und Weise zu nutzen und ihn befähigen, diese Qualitäten für die wichtigen und spannenden Aufgaben einzusetzen, auf die wir hingewiesen haben.

Eine weitere Aufgabe dieses Typs ist die Expansion und Sublimation. Dann kann er seine Reichweite und Tätigkeitsfelder über seine schmale und begrenzte Organisation hinaus erweitern, um das Beziehungsprinzip in das grosse Werk der Reorganisation und Rekonstruktion einzubinden, das sich in jedem Bereich menschlicher Tätigkeit und in jedem Land vollzieht, um eine neue Zeit vorzubereiten. Da er fähig ist, solche Aufgaben zu verstehen und zu schätzen und deshalb besser kooperieren kann als andere, kann er diese Möglichkeit zu seinem grossen Vorteil nutzen.

Die Freude, zu einer Gruppe von Pionieren zu gehören, die sich für wahre Einheit der Welt, Frieden und harmonische Zusammenarbeit einsetzen, kann er teilen, wenn er sich dafür entscheidet, sich selbst und seine Fähigkeiten für dieses grossartige Ziel zur Verfügung zu stellen.

Geschichtlicher Abriss und Entwicklung der Psychosynthese

Roberto Assagioli wurde 1888 in Venedig geboren. Er studierte Medizin in Florenz und wurde Facharzt für Neurologie und Psychiatrie. Seine erste Konzeption der Psychosynthese war in seiner Doktorarbeit über Psychoanalyse enthalten (1910), in der er auf einige Begrenzungen der Freudschen Vorstellung hinwies. 1911 stellte er seine Ansichten über das Unbewusste in einem Referat auf dem »Internationalen Kongress für Philosophie« in Bologna vor.

Dann entwickelte er allmählich seine Ideen und verband in seiner psychotherapeutischen Praxis den Gebrauch verschiedener Techniken der Psychotherapie. In vielen Vorträgen, Artikeln und Broschüren stellte er seine Ansichten dar. 1927 erschien ein erster Artikel in englischer Sprache »A New Method of Healing - Psychosynthesis« (Eine neue Methode des Heilens - Psychosynthese).

1926 gründete er das »Istituto di Psicosintesi« (Institut für Psychosynthese) in Rom, um verschiedene Techniken der Psychotherapie und der Erziehung zu entwickeln, anzuwenden und zu lehren mit dem Ziel einer Psychosynthese von Patienten und – im pädagogischen Feld – von Schülern. Der Zweite Weltkrieg unterbrach diese Aktivitäten; bereits 1938 wurde das Institut von den Faschisten geschlossen. Assagioli eröffnete es 1944 wieder in Florenz, später ergänzt durch Zweigstellen in Rom und Bologna. 1946 hielt Assagioli auch wieder Vorträge in Italien, der

Schweiz und England. Mehrere seiner Artikel wurden in verschiedenen Sprachen veröffentlicht.

1957 wurde in den Vereinigten Staaten die »Psychosynthesis Research Foundation« mit Sitz in New York gegründet. Im Jahre 1976 wurden die Aufgaben der »Research Foundation« vom »Psychosynthesis Institut« in San Franzisko übernommen. Diese gab eine Zeitschrift (Synthesis) heraus. Das San Francisco Institut wurde im Jahre 1978 geschlossen und andere Institute übernahmen die Weiterentwicklung der Psychosynthese in den Vereinigten Staaten.

Assagiolis Idee von der Zukunft der Psychosynthese war, dass diese von unabhängigen Instituten weiter entwickelt werden würde. Diese Institute würden sich aus den individuellen Perspektiven ihrer Begründer entwickeln. Assagioli wollte, dass diese Lehrzentren unabhängig voneinander, aber in freundschaftlicher Zusammenarbeit miteinander, arbeiten würden, ohne eine Schule, die eine zentrale oder tonangebende Richtung einnimmt. Assagioli hinterliess eine offene, jedoch klare und präzise Formulierung der Psychosynthese, die es möglich macht, neue Einsichten der Psychologie in die sich weiter entwickelnde Psychosynthese zu integrieren. Ein Beispiel davon ist, dass nach seinem Tod im Jahre 1974 einige Psychosynthese-Lehrzentren in Amerika und Europa neue Ideen, wie die der Ich-Psychologie und der Objekt-Verhältnis-Theorie in ihre Ausbildungsprogramme aufnahmen.